PREMIÈRE ÉDITION

Forces inconnues

PHILOSOPHIE DE l'Influence personnelle

ou tout ce qu'il faut savoir
pour RÉUSSIR et être HEUREUX

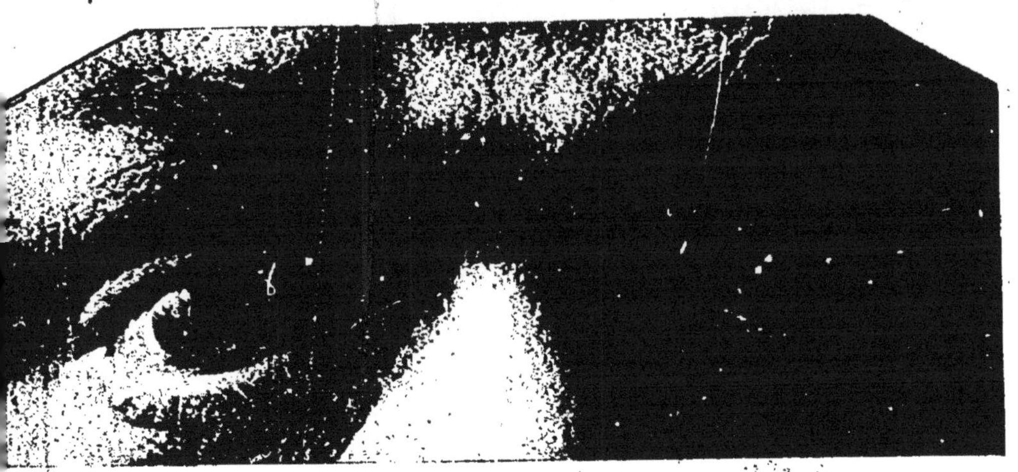

COURS PRATIQUE
-- d'Influence personnelle --

en DIX LEÇONS par J. FLAMBARD

Prix : 16 francs
en vente chez l'auteur

Le Prof. J. FLAMBARD

[illegible] LEBLANC ET DURANT, SUC[illegible]

COURS
DE
PHILOSOPHIE
DE
l'Influence personnelle

PAR

J. FLAMBARD

en vente chez l'auteur
J. FLAMBARD, 32, Rue de Chateaudun
LILLE-FIVES (Nord)

Prix : **16 fr.** franco

SUGGESTION
FASCINATION
ASTROLOGIE
CARTOMANCIE
HYPNOTISME
SOMNAMBULISME
MAGNÉTISME
SPIRITISME
DOUBLE VUE
TRANSMISSION DE PENSÉES

TOUTES CONNAISSANCES INDISPENSABLES

Pour avoir plus de bonheur,

Pour avoir plus de succès,

Pour mieux réussir,

Pour chasser la guigne,

Pour connaître votre avenir,

Pour vous faire aimer,

Pour vaincre l'insconstance, l'infidélité,

Pour avoir un pouvoir sur les autres,

Pour que vos désirs se réalisent,

Pour vous guérir vous-même,

Pour avoir le pouvoir de guérir les autres.

Ne craignez pas de suivre les règles de ce COURS, et, quoique fatigants, énervants que vous paraitront les exercices,

suivez-les, votre avenir sera changé.

Conseils à méditer

Ne considérez pas ce Cours comme un roman, qu'on lit pour se distraire, mais qui le plus souvent ne donne qu'un aperçu trompeur de la réalité de l'existence ; un roman endort l'esprit sur de douces illusions, pour le réveiller ensuite avec de cruelles déceptions.

Un Cours est un enseignement souvent ennuyeux, quelquefois fatigant, même pénible, il n'est pas fait pour s'amuser ni se distraire ; mais cet enseignement doit pénétrer au cerveau, être une force nouvelle, une arme mise à la portée de la personne qui sait s'en servir et qui lui servira pendant toute son existence, c'est une chose qu'on ne peut plus oublier, pas plus que ne s'oublie le savoir lire et écrire.

Aujourd'hui, pour réussir, il faut s'instruire, les moyens d'éducation ne manquent pas, il y a des professeurs de tout acabi, il y en a de musique, de chant, de beauté, de boxe, d'escrime, de danse, etc., mais le professeur d'influence personnelle n'existe pas officiellement.

Avant de publier ce Cours, j'ai voulu prendre l'avis de personnes ayant autorité ; j'ai été approuvé sans réserve par le plus grand nombre. Mais, je dois vous dire que d'autres m'ont fait des observations, trouvant cet enseignement trop complet, non pour lui-même, mais plutôt par crainte qu'il ne tombe dans les mains de personnes mal intentionnées, qui s'en servent pour nuire à autrui et abuser d'un pouvoir auquel une personne non initiée ne pourra que difficilement résister.

Il m'a été facile de prouver que cette crainte n'était pas fondée ; car si la connaissance et la pratique de l'influence personnelle est une force qui donne la supériorité, ce qui est incontestable, mon Cours enseigne également le moyen de se défendre et de se protéger.

Conclusion : ce n'est pas l'enseignement de l'influence personnelle qui est un danger, mais le danger réel est de l'ignorer.

Faites apprendre cet enseignement aux personnes à qui vous vous intéressez, à qui vous voulez du bonheur, qu'elles soient heureuses, ce ne sera pas du temps de perdu pour elles et ne serait-ce que pour leur propre défense, elles ont toujours quelque chose à y gagner.

Recommandez-leur ce Cours, dites-leur que leur intérêt est d'en posséder un exemplaire et de le conserver toute leur vie comme un livre indispensable.

J. FLAMBARD.

PREMIÈRE PARTIE

Lisez attentivement cette partie du Cours avant de commencer vos leçons.

Découpez les feuilles jusqu'à la page 62 où commence le Cours, ensuite vous n'ouvrirez les leçons que les unes après les autres.

En commençant par la fin, vous pouvez découper jusqu'à la page 117 de la 3e partie.

TITRE I

Astrologie

Je vais vous parler de l'astrologie, je donne à ce chapitre la première place, je la considère comme la première des sciences occultes ou plutôt une science qui a donné naissance à toutes les autres.

L'astrologie a été niée par des esprits cultivés, éclairés et regardés comme infaillibles, mais l'histoire nous apprend que dans le cours des âges ces esprits ont nié la rondité de la terre, son mouvement, l'électricité, son application, l'avenir du télégraphe et de la vapeur ; par contre il nous ont appris que le soleil se couchait et se levait comme un heureux mortel, termes qui servent encore aujourd'hui et resteront encore longtemps employés.

Nier l'astrologie est facile, la prouver est bien plus difficile ; mais les matérialistes qui étaient arrivés à l'apogée de la puissance de leur doctrine vers la fin du siècle dernier, ont perdu de leur assurance et de leurs adeptes, la science les a contredit dans le terre-à-terre de leur matérialité.

La télégraphie sans fil les a légèrement troublés.

Le radium, avec ses émanations, que l'on appellerait diaboliques ou surnaturelles, si vraiment on devait se servir de ses termes désuets.

L'astrologie n'a fait aucun progrès depuis deux mille ans et il est probable que les Assiriens et les astrologues de l'université de ON ou Héliopolis de l'Égypte des pharaons, étaient plus avancés dans cette science il y a trois mille ans que nous le sommes aujourd'hui.

La ville universitaire d'Héliopolis était déjà détruite du temps de la fuite en Egypte par la Sainte Famille.

L'étude de l'astrologie est ce qu'il y a de plus aride et de plus déconcertant, je ne parle pas de l'étude astrologique d'après la science antique, connue et classique, mais des recherches pour enrichir cette science, voilà ce que personne n'a jamais sérieusement entrepris.

Ces recherches devraient s'étendre sur un grand nombre de siècles et porter sur la vie intime des personnes qui naissent à différentes minutes de l'année, les suivre dans leur existence et étudier leurs défauts, leurs qualités, en tenant compte des tares héréditaires et cela continuellement sans espoir d'aucun profit que la satisfaction de léguer le fruit de ses recherches à un continuateur qui, lui-même, procédera de la même façon et ce n'est qu'après quinze ou vingt générations de chercheurs désintéressés que l'on pourrait arriver à un résultat, c'est-à-dire à établir des principes à peu près certains qui concerneront chaque personne née à telle ou telle époque de l'année.

La position des astres, à notre naissance, influe certainement sur chacun de nous.

L'influence se produit sur le caractère, les défauts, les qualités, la vigueur, la santé, la précocité, les aptitudes, etc., et de ces déductions sur l'ensemble de l'avenir, on peut établir une étude qui peut être logiquement vraie ; moins le hasard, l'accident, l'imprévu, qui n'a rien à voir avec les qualités et les défauts de la personne dont on veut établir l'horoscope d'après sa naissance.

D'ailleurs, voici l'explication de l'influence de l'*étoile de la naissance* ou de l'astrologie.

Je vais essayer de l'expliquer ici sans employer aucun termé et noms qualifiés scientifiques qui, comme en médecine et pharmacie, n'ont été trouvés que pour empêcher le profane d'y comprendre quelque chose.

L'être humain (pour ne parler que de lui, puisque lui seul nous occupe ici) est à lui seul un monde, il reçoit des forces et en émet, de lui émane des ondes, des rayons, de la lumière.

Par des recherches dans une chambre noire, ne laissant pénétrer aucun rayon de lumière, on a pu apercevoir le rayonnement lumineux qui s'échappe du corps humain ; ces effluves lumineuses sont de deux sortes : le côté droit émet des rayons bleuâtres, le côté gauche des rayons jaunâtres.

Dans les maladies, le jaune domine le bleu, les blessures, même internes, produisent des plaques noires entourées d'une lumière verdâtre.

Il est comme une planète, comme le soleil lui-même, il dépend d'une force plus puissante que la sienne et commande aux forces plus faibles ; il a enfin sa vie propre ; comme la terre sur laquelle nous vivons, il a la sienne ainsi que les autres planètes et le soleil lui-même.

Donc retenez ce symbole : Notre personne, un petit monde, est une poussière sur la terre ; la terre, comparée aux planètes, est un monde, comparée au soleil, une bien petite perle dans les mains d'un colosse, et le soleil, avec toutes ses planètes, n'est plus qu'un atome insignifiant dans l'immensité des mondes.

Je vais premièrement vous donner quelques explications sur les planètes. Il y en a huit connues qui tournent autour du soleil à des distances variables, mais elles suivent toutes la même ligne, celle de l'équateur du soleil, et par suite de ce mouvement, il arrive que ces planètes passent sur une ligne droite qui va du soleil à la terre et à l'une d'elle, c'est ce qui s'appelle une *conjonction ;* à ce moment nous recevons sur terre des ondes en nombre supérieur et cette position influe sur les personnes qui naissent à ce moment-là.

Notre situation dans l'espace est la troisième en partant du soleil. La première est *Mercure*, qui tourne à 58 millions de kilomètres du soleil en un temps qui équivaut à 87 jours des nôtres, elle est un tiers plus petite que la terre.

Ensuite vient *Vénus*, connue sous le nom d'Etoile

du Berger, elle est à 108 millions de kilomètres du soleil, au moment de sa conjonction avec nous, elle passe à 41 millions de kilomètres de la terre (distance insignifiante dans l'espace), c'est notre sœur la plus rapprochée de nous ; elle fait le tour du soleil en un laps de temps qui équivaut à 224 jours des nôtres, comme volume elle est à peu près de la même grosseur que la terre quoique un peu moindre.

Notre Terre vient ensuite, placée à la distance moyenne de 149 millions de kilomètres du soleil, elle tourne autour du soleil en 365 jours 1/4 à la vitesse de translation de 29 kilomètres 1/2 par seconde ou 1.700 kilomètres 200 mètres à la minute et dans un an c'est un cercle de 930 millions de kilomètres que la terre nous fait parcourir.

Mars est la quatrième des planètes et la première des planètes supérieures par rapport à la terre, elle est la première après nous de celles qui sont plus éloignées du soleil que la terre. Les deux premières plus rapprochées sont désignées sous le nom de planètes inférieures ; Mars est située à la distance moyenne de 227 millions de kilomètres du soleil, mais sa distance varie chaque année comme rapprochement ou éloignement du soleil de 41 millions de kilomètres, je vous expliquerai cela plus loin ; elle est presque la moitié plus petite que la terre et elle tourne autour du soleil en un temps qui équivaut à 686 jours des nôtres.

Jupiter, la plus grosse des planètes de notre

système, vient après à la distance de 775 millions de kilomètres du soleil, elle est 1.279 fois plus grosse que la terre et chacune de ses années équivaut à 11 ans 10 mois et 17 jours des nôtres, elle tourne sur elle-même avec une vitesse formidable malgré son volume, que ses jours ne sont que de 9 heures 55 minutes des nôtres ; un point placé à son équateur où le mouvement de rotation est le plus accentué se déplace à la vitesse de 12 kilomètres 450 mètres à la seconde ; tous les 399 jours elle passe en conjonction avec la terre. Jupiter a sept lunes ou satellites, quatre grandes et trois petites. La vie dans ce monde laisse supposer des perspectives célestes enchanteresses.

Saturne, la plus belle des planètes avec son anneau d'or lumineux et ses huit lunes, est à 1 milliard 421 millions de kilomètres du soleil, ses années de 29 ans 167 jours des nôtres et sa grosseur égale 719 fois celle de la terre.

Enfin, la dernière planète connue est *Neptune*, elle se trouve à la distance du soleil de 4 milliards 478 millions de kilomètres, elle en fait le tour en 164 ans 280 jours terrestres, c'est-à-dire que chacune de ses années représente ce temps comme nous le comptons ici sur terre.

Ces distances, qui paraissent, à notre imagination, fantastiques, sont un rien comparées à l'immensité de l'univers et à son éloignement ; la lumière qui voyage à la vitesse de 300 mille kilomètres par seconde met 4 ans à nous venir de l'étoile la plus rapprochée de nous qui est Alpha de la constellation astrale du Centaure.

La lumière nous vient de l'Etoile Polaire que tout le monde connaît en 36 ans et 6 mois.

Je vais terminer ces explications par un renseignement, qui peut intéresser les amateurs, pour distinguer une planète d'une étoile : il suffit de la regarder dans un miroir ou une simple glace de poche. Les planètes se décomposent en trois parties : au milieu une grosse et de chaque côté deux petites qui semblent être des satellites.

Il est compréhensible que les étoiles étant tellement éloignées de nous et en si grand nombre que nous ne pouvons guère subir leur influence, les forces et les ondes qu'elles émettent se brisent entre elles avant de nous parvenir.

Mais il n'en est pas de même de la série des étoiles qui se trouvent sur la ligne du zodiaque.

Le zodiaque est une ligne qui nous entoure sur la voûte du ciel (au figuré bien entendu) de 17 degrés de largeur ; c'est une portion du ciel qui passe en opposition avec le soleil de façon ininterrompue dans le cours d'une année ; c'est le mouvement de la terre tournant autour du soleil qui déplace constamment le point du ciel en ligne droite avec le soleil et la terre ; la suite de ces déplacements tournants forme un cercle qui nous entoure complètement ; la ligne du firmament qui passe derrière le soleil qui est recouverte par lui s'appelle l'*écliptique ;* la partie située de chaque côté qui subit son influence s'appelle le zodiaque.

Les ondes que nous recevons du soleil sont formidables et par leur force même elles entraînent avec elles et jusqu'à nous des ondes venant en lignes droites des étoiles qui passent en face du soleil dans son cercle d'influence ; ces ondes sont souvent parties depuis de nombreuses années et parviennent jusqu'à nous emportées au passage par la puissance des ondes solaires ; elles forment pour nous un aliment, le premier qui nous a créé à notre conception ou qui nous a nourri à notre naissance.

Ces ondes nous sont imperceptibles à cause de la faiblesse de nos sens, comme d'ailleurs nous est le mouvement de la terre.

Vous jugerez vous même de la valeur de l'astrologie par ces quelques détails ; nier son influence est faire preuve d'ignorance ou de mauvais vouloir ; reconnaître et attacher une grande importance à un thème astrologique n'est pas se fier à une chose inexistante, mais c'est attacher de l'importance à une chose mal connue et insuffisamment étudiée et contrôlée.

TITRE II

Astrologie

Anciennement, le nom d'Astrologue désignait celui qui s'occupait de la marche (pour parler plus simple) des étoiles, de celle des planètes, de prédire le retour des comètes, des éclipses, en un mot de la « Connaissance des temps » ; en même temps il s'occupait de rechercher l'influence que les astres avaient sur nous-mêmes ; de cette dernière partie, il en tirait des revenus qui lui permettait de vivre.

Les astrologues n'étant pas officiellement rénurés et comme les étoiles ne paient pas pour s'occuper d'elles, il fallait chercher une source de revenus.

Avec les progrès toujours en avance, ceux qui étaient les premiers à critiquer la nullité de l'astrologie et qui regardaient comme un espèce de fou celui qui passait son temps dans la contemplation du mouvement des astres, leur critique paraissait souvent sans réplique ; à quoi cela sert-t-il : à rien ; qu'est-ce que ça rapporte ? une seule réponse, toujours la même : rien, était une douche froide qui faisait vivement penser à autre chose.

Ces sceptiques sont venus à penser que malgré tout ce qui se passait sur leur tête pouvait cependant les intéresser, mais suivre carrément le vieil astrologue dans ses recherches, les continuer, eut été à la fois trop simple et trop difficile.

La science a donné le change, elle a adapté un autre nom : l'astronomie, qui désigne l'étude de la « Connaissance des temps » du moment des astres, mais elle s'est refusée à entrer dans l'étude de la deuxième partie, « celle de l'influence que nous recevons nous-mêmes des astres » ; je reconnaît que ceci est trop difficile pour pouvoir fournir un thème de naissance absolument positif : s'il y a encore quelques savants qui nient notre influence astrale, ils sont une infime minorité, la plupart, les sages, restent sur l'expectative, l'histoire leur inspire une juste réserve, ils ne manquent pas les citations de savants, reconnus comme infaillibles par la majorité des intellectuels de leur époque qui ont affirmé des choses comme irréfutables et qui sont reconnues aujourd'hui comme absolument fausses.

L'intelligence trop développée n'est certainement pas une maladie, mais elle est presque toujours un déséquilibre des facultés, puisqu'il est très rare que nos facultés se développent toutes ensemble uniformément.

On peut être très fort sur une chose, être un as, pour employer le terme classique, et sur d'autres points être une nullité.

Je cite un exemple à titre de renseignement.

Il existe des personnes douées d'une forte intelligence et d'une grande bonté qui voient le bonheur de l'humanité dans la réalisation de leurs désirs ; qui sont de très bonne foi parce que d'un autre côté ils sont trop mal doués pour s'apercevoir soit que la réalisation est impossible ou pour juger sainement la masse humaine, qu'ils n'en aperçoivent pas suffisamment les tares, les défauts, les faiblesses.

Tous nous sommes dominés par un instinct : connaître les différentes évolutions de notre vie, deviner le sort qui nous est réservé, percer un peu du voile de l'avenir.

La chose n'est pas complètement impossible ; certes, il serait absurde de croire que l'on peut prédire d'une façon absolue, les moindres particularités de l'existence, mais par l'étude de l'astrologie on peut connaître sa tare originelle et par déduction ce qui doit arriver.

Un danger connu est plus facilement évité. Une horoscopie n'est pas une prédiction, mais la détermination des forces bonnes ou mauvaises qui régissent le cours de notre vie.

Il nous révèle les tares de notre organisme et par conséquent les maladies qui nous guettent. Il vous avertira que vous avez des propensions à telle ou telle calamité, il vous dira de vous méfier de telle plante, tel animal, tel commerce, telle personne.

Moralement, il nous amènera à la parfaite connaissance de nous-mêmes en nous dénombrant nos qualités et nos défauts, nos appétits, nos inclinaisons, nos dispositions secrètes en bien ou en mal. toutes choses que l'on ne voit pas en soi-même, le proverbe qui dit que l'on aperçoit une paille dans l'œil de son voisin et que l'on ne voit pas une poutre qui est dans le sien est toujours vrai.

En somme, par la connaissance de notre horoscope nous avons un aperçu à peu près complet et véridique de notre lot de bonne ou mauvaise chance.

Vous avez en mains la donnée d'un problème, mais il en laisse la solution à notre libre arbitre. ce sera à nous à chercher la solution à notre plus grand avantage.

La fatalité existe réellement et elle suit son cours infailliblement *si on ne fait rien pour en changer les mauvaises dispositions*, c'est inévitable, mais souvenez-vous du proverbe : Aide-toi, le ciel t'aidera. Rien n'est absolu ni définitif ; celui qui a de mauvaises dispositions pour gagner au jeu, par exemple, lorsqu'il saura qu'il va à la ruine de ce côté, il s'abstiendra de toucher aux cartes.

Un homme averti en vaut deux.

On ne sait au juste à qui revient la notion première de l'astrologie, certains auteurs la font remonter aux Egyptiens des premiers pharaons, d'autres aux Chaldéens. D'autres se contentent de ne remonter qu'aux Grecs, à Chilon de Lacédémone.

Il est aussi à remarquer que les Chinois, les Indiens, peuples dont la culture est très reculée, sont très forts dans cette science.

Donc, il est très difficile de deviner quels sont ceux qui sont les innovateurs de l'astrologie et je ne prendrai pas position dans cette controverse ; je me contente de faire remarquer qu'il est impossible de se rendre compte de son ancienneté.

Nous subissons souvent sans nous en apercevoir, l'influence des forces et des éléments qui nous entourent.

Le soleil, qui est notre principale planète dirigeante, ne règle-t-il pas les saisons ? Le soleil guérit les maladies et redonne l'activité , la joie, l'allégresse, il a donc une influence incontestée sur le moral et le physique, ce qui est vrai pour les faits que nous ressentons ne l'est pas moins pour ceux qui ne tombent pas sur nos sens.

D'après l'astrologie ancienne, on ne peut pas parler de la moderne car cette science n'a fait aucun progrès sensible depuis plusieurs siècles, et il faut toujours revenir à ce que nous apprennent les anciens manuscrits, les sept planètes correspondent aux sept jours de la semaine, soit :

Soleil. — Dimanche.
Lune. — Lundi.
Mars. — Mardi.
Mercure. — Mercredi.
Jupiter. — Jeudi.
Vénus. — Vendrdi.
Saturne. — Samedi.

Il faut ajouter Saturne et Neptune qui n'étaient pas connues des anciens et qui ont été découvertes depuis l'inventoin des télescopes.

D'après l'astrologie, le *Soleil* préside à la *gloire*, sa couleur est le *jaune ; Vénus* à l'*amour*, sa couleur est le *vert ; Mercure* à l'éloquence et les *couleurs nuancées* par le mélange ; *Saturne* la tristesse, sa couleur est le *noir ;* la *Lune* à l'ordre et à l'économie, sa couleur est le *blanc ; Jupiter* préside à la *force* et à la *beauté*, sa couleur est le *bleu ; Mars* représente les *combats*, sa couleur est le *rouge.*

Le caractère et l'influence morale des planètes se déterminent ainsi : Le *Soleil* est bienfaisant et favorable ; la *Lune*, humide et mélancolique ; *Jupiter*, tempéré ; *Saturne*, triste, morose et froid ; *Mars*, ardent et sec ; *Mercure*, inconstant et variable ; *Vénus*, féconde et bienveillante.

La plupart des empereurs, des rois, pour ne citer que les grands de la terre, s'entouraient d'astrologues.

Les empereurs romains les consultaient souvent, on cite comme fervents : César et Pompée ; l'empereur Auguste se fit graver une médaille en l'honneur de la constellation de sa naissance ; Caracalla allait plus loin, à leur naissance, il fait tirer l'horoscope des enfants des grands de Rome et s'il était mauvais, il faisait simplement mettre à mort le nouveau-né, c'était sa façon d'améliorer l'humanité.

En France, le moment où cette science fut la plus florissante fut du temps de Marie de Médicis, et les astrologues, désignés sous le nom de *baron*, et plus d'un aujourd'hui qui possède des armoiries, ne le tient que du fait que son aïeul fut un habile astrologue.

On cite l'astrologue Cardan qui devint un héros : Il avait prédit le jour et l'heure de sa mort, ne la voyant pas venir à l'heure dite, il se tua.

L'astrologue de Louis XI n'avait su que trouver une réponse plus vague, mais qui avait sa valeur.

Il répétait au roi qu'il devait mourir deux heures avant lui.

Napoléon, lui, consultait Madame le Normand, qui n'était que cartomancienne.

Mon but n'est pas de vous enseigner l'astrologie, ni de vous faire croire à cette science si vous êtes sceptique.

Ouvrez un livre quelconque consacré à l'astrologie et après quelques heures de lecture, sur cent personnes il y en aura quatre-vingt quinze qui n'y comprendront absolument rien, qui poseront le livre dans un endroit quelconque et qui n'y penseront même plus.

Je vais vous donner des explications claires et simples sur l'influence des astres.

Le soleil occupe le centre de tout le système de planètes qui se rattachent à lui ; ces planètes tournent à des vitesses différentes, selon leur grosseur et leur éloignement plus ou moins du soleil.

Ces planètes suivent, dans leur mouvement, toutes un même cercle qui correspond à l'équateur du soleil et si elles étaient placées à la même distance du soleil, qu'elles tournent à une vitesse différentes, il est évident qu'il y aurait bien longtemps qu'elles se seraient déjà rencontrées, leur éloignement les sauvent de cette catastrophe.

En tournant ainsi dans un cercle, il arrive que les planètes passent en conjonction avec la terre et le soleil ou simplement entre elles, elles sont en conjonction ou en opposition, ce qui augmente ou diminue leur influence.

Le zodiaque est une bande de 17 degrés de largeur qui nous entoure sur la voûte céleste, la ligne figurée par le milieu s'appelle l'écliptique, par suite du mouvement annuel de la terre cette bande passe de façon indéfinie, en opposition avec la terre et le soleil ainsi que les autres planètes, si une planète passe à un certain moment de l'autre côté du soleil, elle est en opposition, si elle est du côté de la terre, elle est en conjonction.

L'astrologie est la connaissance de toutes ces forces, de celles qui agissent sur la terre au moment de la naissance de l'enfant, des ondes de vie que nous avons reçues les premières, celles du soleil d'abord est un mélange des ondes des astres qui se trouvaient derrière le soleil à ce moment, qui se sont trouvées transportées jusqu'à nous par les ondes solaires.

Ces ondes viennent presque exclusivement de la

partie du zodiaque, si le zodiaque se déplaçait brusquement, il est à peu près certain que la vie entière de tous les êtres se trouverait changée.

Le zodiaque se divise en douze signes qui sont .

Le *Verseau*, du 20 janvier au 18 février inclus.
Les *Poissons*, du 19 février au 20 mars.
Le *Bélier*, du 21 mars au 19 avril.
Le *Taureau*, du 20 avril au 20 mai.
Les *Gémeaux*, du 21 mai au 20 juin.
Le *Cancer*, du 21 juin au 22 juillet.
Le *Lion*, du 23 juillet au 22 août.
La *Vierge*, du 23 août au 21 septembre.
La *Balance*, du 22 septembre au 21 octobre.
Le *Scorpion*, du 22 octobre au 20 novembre.
Le *Sagittaire*, du 21 novembre au 20 décembre.
Le *Capricorne*, du 21 décembre au 19 janvier.

Ces douze signes se divisent en 36 décans ou dizaines et le zodiaque lui-même se divise en 360 degrés.

——x——

Le *Verseau*. — Les personnes nées sous ce signe ont les qualités prédominantes suivantes : la discrétion, la réflexion, la fidélité ; sont portées vers le mystérieux ; elles sont bienveillantes lorsqu'elles ont de l'autorité et si elles sont de situation inférieure elles sont soumises, caractère trop confiant, trop expressif.

Devront se défier des amis et des ingratitudes

nombreuses à redouter, se méfier des gens peu consciencieux, indélicats en affaires, des usuriers et faussaires.

Craindre les maladies de poitrine, les accidents causés par l'eau, les crampes et les maladies spasmodiques.

Jour favorable : le mardi.

——×——

Les *Poissons*, du 19 février au 20 mars, son jour favorable est le lundi.

Les personnes nées sous ce signe sont d'esprit variable à l'excès, insouciant, indolent, pusillanime, mauvais signe qui, s'il n'est combattu par des planètes favorables, ne prédispose qu'à la calomnie, l'hypocrisie ; très redoutable en mer, se méfier des naufrages, des enlisements, des pièges ; danger de catastrophes inattendues où sombre les espérances, le bien, le crédit.

Prédisposition aux maladies des pieds ou aux blessures aux jambes, aux ulcères, aux mucosités, aux rhumatismes.

——×——

Le *Bélier*. — Les personnes nées sous ce signe sont intelligentes et actives, ardentes à défendre leurs intérêts et leurs droits ; exubérantes, quelquefois irritables et querelleuses, orgueilleuses, volontaires, même énergiques ; mais faibles à l'égard de ceux qu'elles aiment. Elles font de bons guerriers.

Les maladies à la tête et les accidents sont à redouter.

Son jour préféré est le mardi.

Sa durée est du 21 mars au 19 avril inclus.

——x——

Le *Taureau*. — Les personnes nées sous ce signe ont l'esprit travailleur, la fortune leur est généralement favorable par le travail, elles sont aimantes, bonnes et dévouées, elles aiment tout ce qui est beau dans la nature.

Leur nature les porte à la gaieté, à l'amabilité.

Les maux de gorge, du cou et des épaules sont à craindre.

Le jour favorable est le vendredi.

Le signe du Taureau commence le 20 avril au 20 mai inclus.

——x——

Les *Gémeaux*.— Ce signe va du 21 mai au 20 juin inclus, il symbolise l'amitié. Les personnes qui sont nées sous ce signe sont ordinairement très aimantes, elles sont intelligentes, quelque peu inconstantes, ont de l'imagination, de l'initiative.

Elles doivent prendre des précautions, car elles se laissent facilement dominer par d'autres personnes.

Les maladies nerveuses sont leur loi, elles doivent les redouter.

Le jour le plus favorable pour entreprendre une chose est le mercredi.

———×———

Le *Cancer.* — Son jour favorable est le lundi. Ce signe va du 21 juin au 22 juillet inclus.

Les personnes nées sous ce signe sont enclins à la contradiction, d'esprit changeant, capricieux, vaniteux et paresseux ; elles sont imbues de préjugés, plus d'imagination que de raison solide, mentent fréquemment par manque de jugement.

Les femmes ont des dispositions à une conception facile et à avoir beaucoup d'enfants.

Elles doivent redouter les maladies des poumons, de poitrine et sont de santé délicate sur ce point.

Elles ont une tendance à la nervosité, à la neurasthénie et d'humeur fantasque.

Leur jour favorable est le lundi.

———×———

Le *Lion.* — Les personnes nées sous ce signe sont fières, hautaines, ambitieuses, autoritaires, avides d'honneurs et de distinctions, elles sont généralement aptes à réaliser de grandes choses et à atteindre des situations élevées.

Le sentiment les domine beaucoup, aussi sont-elles fidèles à leurs amours, à leurs amitiés ; un jugement droit et soutenu règle leur conduite.

Dans le cercle de leurs relations, elles agissent surtout par un instinct d'attraction et de répulsion, selon le cas.

Les maladies à redouter sont celles qui ont pour siège, le cœur et le dos, telles que les pleurésies, les maladies de cœur, les palpitations et les fièvres.

Le jour favorable est le dimanche.

Ce signe commence le 23 juillet et finit le 22 août inclus.

———×———

La *Vierge*. — Le jour favorable est le mercredi. Les personnes nées sous ce signe aiment particulièrement l'argent, elles seront plutôt avares, toujours économes ; elles sont plutôt habiles dans les entreprises qu'elles connaissent, qu'elles n'ont l'esprit inventif.

La prudence, le tact, la réserve en tout, sont leurs principales qualités.

Elles sont compatissantes, mais guère charitables.

Les maladies qu'elles ont à redouter sont surtout celles qui ont leur siège dans le ventre, le foie, les intestins et les organes génitaux.

Ce signe commence le 23 août et finit le 21 septembre.

———×———

La *Balance* règne du 22 septembre au 21 octobre. Les personnes nées sous ce signe sont très aimantes, elles favorisent surtout les femmes qui sont très amoureuses, parfois de passion violente.

Elles sont fidèles à leurs engagements, à leurs promesses verbales ; elles atteignent rarement une situation élevée, car elles sont routinières et pondérées, n'ont pas l'audace de s'élever, et par crainte de tout compromettre, ne tentent rien pour sortir de la voie déjà tracée.

Elles ont à redouter les maladies des reins et des prédispositions aux maladies de la vessie.

Le jour favorable est le vendredi.

——×——

Le *Scorpion.* — Ce signe est généralement mauvais et rarement les personnes nées sous ce signe ne sont heureuses, soit qu'elles doivent leur malheur à elles-mêmes ou qu'elles soient les victimes d'autrui.

Le caractère est énergique, tenace, jaloux, passionné à l'excès, ce qui conduit à l'épuisement.

Elles doivent redouter les combats, les rixes, les trahisons, les procès, les divorces, même le suicide, se méfier des serpents.

Les maladies à redouter sont celles des intestins et du bas-ventre, de l'anus, des fistules.

Le jour favorable est le mardi.

Ce signe commence le 22 octobre et finit le 20 novembre.

——×——

Le *Sagittaire* commence le 21 novembre et finit

le 20 décembre. Les personnes nées sous ce signe sont généralement de caractère dissimulé et énigmatique ; elles sont généralement auteurs, explorateurs, artistes, aiment la pêche et la chasse ; elles ont un esprit de suites, de l'acharnement et de l'énergie.

Elles doivent redouter les accidents de cheval et de route, bicyclette, chemin de fer, automobile, etc...

Les maladies à redouter sont celles des jambes.

Le jour favorable est le jeudi.

———×———

Le *Capricorne* va du 21 décembre au 19 janvier.

Son jour favorable est le samedi.

Les personnes nées sous ce signe ont généralement de grands désirs qu'elles poursuivent sans arriver à aucun résultat appréciable.

Elles sont de caractère triste, calme, impassible, volontaire, ambitieux et n'arrivent à la situation rêvée que très tard dans leur existence.

Elles ont de la faiblesse dans les genoux, des prédispositions aux fractures, aux douleurs et aux maladies de peau.

———×———

N.-B. — La signification que vous pouvez lire n'a rien d'absolu, elle peut être modifiée d'un sens ou de l'autre, ou neutralisée par l'effet des planètes, mais ces principes se trouvent à un état différent dans chaque personne, plus ou moins accentués.

SPIRITISME

TABLES TOURNANTES :·: COUPS FRAPPÉS MATÉRIALISATION

Les personnes qui ont le don de la médiumité peuvent provoquer les curieux phénomènes connus sous le nom de *Spiritisme.*

Un grand nombre de personnes possèdent ce pouvoir, mais ne s'en aperçoivent pas parce qu'elles ne connaissent pas le moyen de le reconnaître.

Si on est un médium, par un entraînement journalier et progressif on peut assez vivement augmenter sa force.

Je vais vous enseigner le moyen le plus efficace de reconnaître si vous possédez en vous le pouvoir de médium et s'il vous est possible de l'augmenter.

Il ne s'agit pas, comme beaucoup de gens le croient, de s'installer devant une table, de poser les mains dessus et de lui ordonner de danser et de tourner, ce système ne peut que réussir aux personnes particulièrement bien douées.

Pour reconnaître si vous avez un pouvoir de médium, il faut procéder par l'attraction faible et augmenter progressivement.

Pour la première expérience, prenez une feuille

de papier ordinaire, de préférence qui n'ait pas de pli, de la grandeur de 25 à 30 centimètres de côté ; percez un trou dans un des angles, dans lequel vous passerez un fil de 30 à 40 centimètres de long ; vous attachez l'extrémité du fil à un clou et que la feuille soit suspendue au fil ; qu'elle porte le long d'un mur ou d'un meuble et qu'elle soit à la hauteur de vos bras.

Posez légèrement vos mains sur la feuille, de manière à l'effleurer seulement, vous rejoignez les pouces très légèrement, en rapprochant très doucement les mains, et vous pensez fortement à ce que la feuille suive le mouvement de vos mains, soit en les retirant très doucement vers vous, en les faisant osciller de droite à gauche et de gauche à droite ; vous pouvez parler à haute voix pour mieux concentrer votre désir et pour obtenir plus de force de volonté ; vous matérialisez cette feuille, vous lui donnerez un nom, qui formera sur vous impression ; vous l'appelez du nom d'une personne absente ou d'une personne décédée ; vous invoquez son esprit et le matérialisez dans la feuille de papier ; vous parlez à la feuille de papier et c'est l'esprit que vous avez invoqué qui vous répondra ; persuadez-vous bien de cela, sans *chercher à le comprendre ;* c'est d'une très grande importance pour la réussite.

Dans les forces inconnues, il faut agir ainsi pour réussir ; si vous exigez de comprendre, votre esprit est ailleurs et il vous faut toute votre force spirituelle.

Si vous avancez vos mains vers la droite, la feuille doit suivre le mouvement à droite ; si c'est à gauche, elle devra suivre à gauche; si vous approchez vos mains de votre corps, elle devra suivre le mouvement. Et en élevant vos mains, la feuille doit s'élever et être suspendue par la seule force d'attraction sans le secours du fil.

Continuez ces expériences pendant quelques jours, en les reprenant chaque jour à la même heure de préférence et lorsque vous réussirez sans difficulté, vous remplacerez la feuille de papier par une feuille de carton, et plus tard par une petite planche de bois et vous continuerez avec le carton et la planche les mêmes expériences, toujours en progressant et en augmentant votre force de médiumité ; ensuite vous terminez ce genre d'exercices par une dernière expérience, qui consiste à attirer la planche par en bas et à rompre le fil ; l'ayant rompu simple, vous le doublez, puis le triplez et le quadruplez.

Je vous recommande de continuer ces expériences assez longtemps pour bien réussir, et ne vous pressez pas de passer d'un exercice à l'autre ; les expériences que vous ferez avec la feuille de papier vous entraîneront pour les exercices plus forts.

Vous passez ensuite, après réussite complète et renouvelée, à des expériences exigeant plus de force.

Placez la planche horizontalement sur une table et en posant les mains dessus très légèrement, il faut la soulever et la faire avancer en tous sens ; posez-lui des questions, en ayant toujours soin de ne pas voir en elle une planche, mais un esprit.

Posant une question, demandez une réponse par un soulèvement ou un coup frappé qui voudra dire : *oui* et deux coups : *non ;* si vous voulez former des mots, à la planche de frapper autant de fois que chaque lettre du mot occupe dans l'alphabet, par exemple pour la lettre B deux coups, F cinq coups, M douze coups et ainsi de suite et demandez que les lettres vous soient données dans l'ordre où elles s'inscrivent dans le mot ou dans la phrase.

Vous pouvez aussi tenir entre les doigts un crayon, tendre la pointe portée sur la planche à laquelle vous avez fixé une feuille de papier, et par le mouvement que la feuille imprimera, il se formera des lettres qui formeront des mots et qui peuvent être pour vous une curieuse et même importante révélation.

Vous pourrez passer ensuite à la table elle-même ; pour débuter, vous choisissez une petite table et procédez de la même façon ; si vous êtes plusieurs personnes, vous vous asseyez autour de la table, vous posez les mains dessus, en formant la chaîne, de manière que la pointe de vos pouces se touchent légèrement et que la pointe de votre petit doigt touche la main de son voisin placé de chaque côté.

———×———

NOTA. — Je ne recommande pas de s'adonner au spiritisme pour raisons de santé. Le spiritisme porte au cerveau ; après plusieurs heures d'expériences, vous ressentez une douleur vague, mais lourde, au front ; l'abus du spiritisme peut atteindre la raison, la volonté, surtout chez les personnes nerveuses.

———

Les Talismans

Fétiches ou Porte-bonheur

Les talismans sont les objets les plus hétéroclites, les plus bizarres, à qui on attribue le pouvoir de forcer la chance, de fixer le bonheur.

Il n'y a rien sur terre qui ne soit susceptible d'être transformé en talisman, les choses les plus bizarres sont regardées comme telles.

Les pierres précieuses, les simples cailloux, d'autres regardent différentes plantes comme devant leur porter bonheur.

D'autres attachent de l'importance à des coquillages ; d'aucuns ce sont des animaux et quelquefois des animaux dégoûtants ; vous trouverez plus de personnes pour affirmer qu'un crapaud porte bonheur que ça porte malheur d'en tuer un volontairement, que vous n'en trouverez qui vous diront qu'un joli canari est un porte-bonheur, quoique par son chant il égaie souvent le plus petit intérieur et force à oublier, ne fûsse qu'un moment, ses peines ou ses ennuis.

Les marchands de talismans inventent à qui mieux mieux des histoires pour donner de l'importance aux fétiches qu'ils offrent ; une fois ces histoires passées dans l'esprit, elles s'y implantent et y restent, et peuvent passer de génération en génération.

La croyance aux talismans est tellement forte qu'il suffit de faire un tour en spectateur dans les salles de jeu, là vous verrez la mise à l'œuvre des talismans les plus abracadabrants et souvent par des personnes connues pour leur scepticisme, qui se font une gloire d'être matérialistes, de ne croire ni à Dieu ni au diable et qui ne s'aperçoivent pas que par l'adoration inconsciente qu'elles portent à un talisman, elles sont des adoratrices et de ferventes croyantes.

Si des personnes sérieuses, des vieillards graves, mettent leur espoir dans l'assistance occulte d'un fétiche, n'est-il pas naturel que des personnes jeunes aveuglées par l'éclat de la jeunesse, ne recourent aux talismans pour réussir dans les désirs pressants ; car, ordinairement, la jeunesse, qui a le temps devant elle, est toujours pressée, ne sait pas attendre. La vieillesse, qui n'a guère le temps, elle, n'est jamais pressée.

Comme talismans, je ne vous recommanderai qu'un seul : c'est vous-même, c'est en vous-même que vous devez avoir recours et sur vous-même, sur votre force que vous devez compter, et c'est votre volonté, forte, décidée, qui sera la base de votre succès et de votre réussite ; vous reposer sur la valeur d'un talisman, c'est accepter une indolence que je ne puis vous recommander, ce serait vous parler contre ma pensée.

Seules les pierres qui émettent des feux dans l'obscurité, émettent également des ondes.

Mais, en vérité, il m'est absolument impossible de préciser la valeur de ces ondes, mes connaissances à ce sujet sont nulles, pour parler juste, et je crois que la plupart des personnes qui les recommandent, ne sont pas plus initiées que je ne le suis moi-même. Malgré cela, je vais vous énumérer les pierres qui sont favorables, d'après le signe de la naissance :

Pour les personnes nées sous le signe du *Verseau:*
La gemme est le *saphir.*
La couleur favorable est le *noir.*

Pour les personnes nées sous le signe des *Poissons :*
Les gemmes sont le *corail* et la *chrysolithe.*
La couleur préférée est le *bleu.*

Pour les personnes nées sous le signe du *Bélier*
La gemme est l'*améthyste.*
La couleur est le *rouge.*

Pour les personnes nées sous le signe du *Taureau :*
La gemme préférée est l'*agathe.*
La couleur favorable est le *vert.*

Pour les personnes nées sous le signe des *Gémeaux :*
La gemme est le *béryl.*
La couleur favorable est le *gris.*

Pour les personnes nées sous l'influence du *Cancer* :

La gemme favorable est l'*émeraude*.

La couleur préférée est le *bleu*.

Pour les personnes nées sous le signe du *Lion* :

La gemme est le *rubis*.

La couleur est le *jaune*.

Pour les personnes nées sous le signe de la *Vierge* :

La gemme est le *jaspe*.

La couleur est le *gris*.

Pour les personnes nées sous le signe de la *Balance* :

La gemme favorable est le *diamant*.

La couleur est le *vert*.

Pour les personnes nées sous le signe du *Scorpion* :

La gemme est la *topaze*.

La couleur est le *rouge*.

Pour les personnes nées sous le *Sagittaire* :

La gemme favorable est la *turquoise*.

La couleur préférée est le *bleu*.

Pour les personnes nées sous le *Capricorne* :

La gemme est l'*onyx*.

La couleur est le *noir*.

Je ne vous citerai que les talismans planétaires et leurs couleurs, et ma dénomination s'arrêtera là. Le but de ce Cours n'est pas de vous convaincre de la valeur des talismans ; pour cela il faudrait que je le fus moi-même, et cela reste encore à faire.

Malgré cela vous pouvez dénommer talisman une chose quelconque et lui donner de l'influence dont vous pouvez faire profiter une autre personne ; il suffit d'attirer et de fixer l'imagination de cette personne sur une chose quelconque en lui racontant une histoire qui l'impressionne, inventée à peu près de toutes pièces, le principal est de la faire accepter et d'y fixer l'attention par tous les moyens et si cette personne reçoit bien cette suggestion, qu'elle porte une entière confiance au talisman, elle pourra en retirer une amélioration qui se traduira par un bonheur et elle s'en trouvera très bien.

Le grand secret de tous les secrets est là et nous ramène à l'influence personnelle présentée sous une forme matérielle.

La Cartomancie

La cartomancie est le moyen de connaître l'avenir qui a le plus grand nombre d'adeptes.

Dans ce qui suit, vous trouverez l'explication, la signification, de chaque carte, d'après l'enseignement classique qui est aujourd'hui du domaine public. Je n'ai pas la prétention de vous enseigner, d'après une méthode qui me serait personnelle, un art que ma conscience, après réflexion, ne peut ni vous recommander, ni vous déconseiller. Je me contenterai donc de vous donner ici la signification des cartes et si des personnes parmi celles qui me lisent se sentaient portées vers cet art, je ne dirai pas un mot pour les en dissuader.

En cartomancie, il faut se servir de cartes ayant haut et bas, et pour les battre et les mélanger, il faut le faire en tous sens.

Les trêfles

L'*as.* — Succès en affaires financières ou commerciales, présage de fortune, par dons ou héritages ; s'il est retourné, toujours mêmes significations, mais avec des retards et des difficultés a arriver.

Le *roi.* — Cette carte est de bon augure lorsqu'elle est placée près de cartes favorables, si non sa valeur devient nulle : elle annonce, selon le cas : les dignités, les honneurs, la fortune, la réalisation des vœux les plus chers ; pour un soldat, elle indique que son courage sera récompensé et que sa sécurité n'est pas menacée.

Renversé, le roi annonce que dans la réussite de nos projets nous n'y arriverons qu'après une série d'échecs et de tourments. Il représente ami sincère fidèle et influent.

La *dame*. — Représente femme bonne, aimable, distinguée, de situation supérieure à celle du consultant, influente, animée des meilleures dispositions.

Si la carte est renversée, cette femme devient indifférente envers vous, avec un tempérament plus autoritaire, l'esprit vif tempérament ardent, vaniteuse, jalouse, avec une tendance à la cruauté.

Le *valet*. — Représente jeune homme courageux, bon, aimable, adroit. Renversée, cette carte indique un homme prétentieux, égoïste, croyant avoir plus d'esprit ou d'influence qu'il n'a réellement ; n'a rien de bon pour le consultant.

Le *dix*. — Argent, réussite en affaires d'intérêts. Retourné, réussite moindre dans les mêmes affaires, présage de vicissitudes et de longues attentes.

Le *neuf*. — Bonheur imprévu, inespéré, réussite dans une entreprise, gain de procès. Renversé, succès plus apparent que réel.

Le *huit*. — Avancement, prospérité, bénéfice d'argent. Renversé, amélioration passagère de la situation.

Le *sept.* — Bénéfice laborieusement et honnêtement acquis ; signe d'ordre et d'économie. Renversé, retard à redouter dans une affaire quelconque ou la réalisation d'un marché que l'on désire.

Les piques

L'*as.* — Si la pointe est en haut; passion en amour, réussite dans la possession d'une chose désirée ; si la pointe est en bas, la signification est la même, mais les succès aboutiront à de graves désillusions et la possession de la chose désirée n'aura de longue suite et sera de courte durée.

Le *roi.* — Homme méchant ou parent mauvais, ou faux ami à qui il ne faut pas se fier. Si la carte se présente retournée, le personnage sera réduit à l'impuissance.

La *dame.* — Femme méchante, brune ou de couleur vive, d'un caractère emporté, parente qui vous cherche des ennuis ou amie fausse et sournoise. Renversée, la dame de pique est moins redoutable et n'est pas assez forte pour dominer la personne consultante.

Le *valet.* — Homme mauvais, ne trouvant son bonheur que dans le malheur d'autrui, n'ayant ni foi ni loi. La carte retournée représente le personnage en but à des difficultés qui empêchent la réalisation de ses mauvaises intentions.

Le *dix.* — Peines de cœur, chagrin n'ayant pas de suite importante, ennui causé involontairement par des parents ou des amis. Si elle est retournée, le mal sera moins grand et sera surtout ressenti par les personnes qui en sont cause.

Le *neuf*. — Chagrin plus important, danger d'accident imprévu, ou de maladie, de catastrophe intéressant soit le consultant ou ses proches. Retournée, ces dangers peuvent se retourner contre des ennemis ou être de moindre effet pour le consultant.

Le *huit*. — Très mauvaise carte si elle est entourée de cartes également mauvaises, elle annonce tous les dangers possibles, même la mort.

Retournée, elle est moins mauvaise ; entourée de cartes bonnes, son effet mauvais devient nul.

Le *sept*. — Afflictions du cœur, soit peines d'amour ou de tout autre que doivent causer des personnes de la famille, soit par insuccès, inconduite ou tout autre sujet mauvais.

Renversée, elle est moins mauvaise et nulle si de bonnes cartes l'entourent.

Les cœurs

Le *roi*. — Représente un ami dévoué et influent qui peut vous être utile, vous le sera et ne refusera pas.

Renversé, il lui faudra pour exercer son influence, surmonter de sérieux obstacles.

La *dame*. — Femme de bon cœur, sensible, compatissante, mais de caractère et d'esprit faible.

Si la carte est renversée, cette femme est une maîtresse ou une épouse infidèle à qui il ne faut pas se fier.

Le *valet*. — Jeune homme timide, de caractère réservé, doux, aimable, sans grandes passions.

Si la carte est renversée, elle annonce que ce jeune homme causera souvent involontairement, un grave mécontentement ou une rupture.

Le *dix*. — C'est une carte de chance ou de plus de réussite ; si elle n'est pas entourée de cartes contraires, c'est le succès en général, le bonheur en amour, la chance au jeu.

Si la carte est renversée, il faut se presser de profiter de la chance, car elle doit être de courte durée, elle sera d'autant plus courte que les cartes qui l'entourent sont contraires ou vice versa.

Le *neuf*. — Marque soit l'issue heureuse d'un procès, le contentement, la fin de tribulations, victoire sur ce que l'on a entrepris.

Renversée, ennuis de courte durée, mésintelligence, divergence d'opinion, querelle qui sera sans lendemain et qui se raccommodera et se terminera assez vite.

Le *huit*. — Avancement dans sa carrière, réjouissance, joie ou déclaration d'amour, le tout selon le cas du consultant ; guérison ou amélioration en cas de maladie.

Retournée, elle représente l'infidélité, soit du consultant ou d'une personne qui l'intéresse.

Le *sept*. — Amour chaste et pur, sans nuages,

exempt de vissicitudes, bonheur médiocre, mais qui n'est pas troublé par des désirs exagérés.

Renversé, c'est l'abandon, le délaissement, la tristesse, l'ennui, la mélancolie.

L'*as*. — Présage de bonne nouvelle, surtout en amour, visite d'amitié, inattendue ou désirée, ou invitation à recevoir.

Retournée, la nouvelle est bonne, mais avec quelques nuages de peu d'importance qui se dissiperont vivement.

Les carreaux

L'*as*. — Toujours nouvelles, bonnes ou mauvaises, selon les cartes qui suivent ; une lettre provenant d'un personnage généralement placé avant.

Renversée, nouvelle futile, lettre banale, n'ayant qu'une médiocre importance.

Le *roi*. — Représente un homme dur et hautain, vindicatif, dangereux et mauvais avec les personnes qu'il n'aime pas.

La carte renversée indique un péril ou un accident, une catastrophe qui vous menace, à qui on échappera plus ou moins bien selon les cartes qui sont dans l'entourage.

La *dame*. — Femme méchante, jalouse, querelleuse, qui n'est pas de l'entourage du consultant, qui cherchera à nuire le plus souvent indirectement, elle est flatteuse et intéressée avec les puissants et dure et hautaine avec les faibles ; elle est de mauvaise autorité.

Si elle est renversée, elle est l'indice de calomnie ou de médisance, dont le tort porté sera plus ou moins ressenti, selon l'importance et la valeur des cartes qui sont dans l'entourage.

Le *valet.* — Représente un jeune homme fourbe, traître, d'éducation mauvaise, de mœurs dissolues.

S'il est renversé, mauvaises nouvelles à espérer, causées ou apportées par un homme méchant à qui ce mal causera de la joie.

Le *dix.* — Représente des voyages, des déplacements. S'il est renversé, ces voyages seront inutiles.

Le *neuf.* — Rupture de liaison amoureuse ou d'association, dispute, peine prochaine.

Renversé, le tout ne sera que passager et se raccommodera.

Le *huit.* — De petite importance, présage la réussite dans ce que l'on désire actuellement si la carte est placée haut et bien entourée et le contraire si elle est renversée.

Le *sept.* — Pour la femme, fécondité ou grossesse, ou tout au moins dans la famille.

Renversée, persécution sans grande importance.

Avis

Je vous donne ici la signification des cartes d'un jeu de 32, ce qui est suffisant pour un passe-temps en famille ou faire une réussite.

Je n'ai pas la prétention de vous apprendre la cartomancie, je ne me reconnais ni les capacités, ni les dispositions nécessaires.

Les personnes qui voudraient apprendre la cartomancie doivent avant tout se procurer des livres traitant ce sujet spécialement et elles doivent apprendre *par cœur* la signification de chaque carte ; ce que je vous indiquerai ici, c'est ce que ces livres ne disent pas ; ce qu'il faut savoir : lire entre leurs lignes, et en cartomancie, lire entre les cartes.

Ensuite elles doivent apprendre également par cœur la signification des 77 tarots qui compose le tarot égpytien.

Elles doivent en connaître toutes les significations et valéurs et cela couramment avant de commencer une simple réussite.

Ensuite, pour être une bonne cartomancienne, il ne suffit pas de réciter la valeur des cartes à la consultante, la personne qui se contenterait de cela ne serait qu'une cartomancienne bien médiocre et c'est ici qu'elle aura recours à une force qui commande toutes les autres : l'influence personnelle ; car, il ne s'agit pas d'interpréter le sens des cartes dans la valeur indiquée, mais c'est en connaissant cette valeur que la *bonne cartomancienne arrive à deviner par déduction.*

Elle doit non seulement se référer à ses cartes, mais elle doit lire dans la personnalitē du consultant ; quelque renfermée qu'elle soit, il lui faut une indication pour débuter surtout ; avec l'influence personnelle elle fera suggestion sur le consultant, ce qui facilite le travail et lui donnera une entière satisfaction.

Pour bien réussir, il ne faut pas se presser, ne pas chercher à questionner le consultant directement, mais le sonder, pour cela il faut toujours opérer de façon dégagée, avec autorité et être maître de soi ; si vous êtes embarrassé, recommencez ; le prétexte c'est que les cartes ne parlent pas bien, il faut que le client soit un peu plus familiarisé avec le jeu. Vous proposez, pour cela, de jouer une partie innocemment pour débarrasser les cartes de l'impression du précédent consultant, cela rétablira le jeu dans son état normal et en jouant vous annoncez certaines cartes par un mot : ça c'est de l'argent, une méchante femme, un amoureux, voilà un mariage ; vous ne perdez pas une seule des impressions de votre partenaire et au bout de quelques moments, en vous servant de la suggestion, vous savez soit par l'expression de ses yeux, de sa figure, ce qu'il veut connaître, ce qu'il veut et par déduction de l'enseignement des cartes, vous lui dites la vérité d'une façon qui l'étonnera ; il vous quittera enchanté, émerveillé et vous enverra des clients.

Voilà le grand secret de la cartomancie qui, comme toutes choses, aussi fines, aussi délicates, demandent une longue pratique et malgré cela la plus veille des cartomanciennes en apprendra encore à la fin de sa carrière.

Les cartes, expliquées par les cartomanciennes les plus célèbres, sont peu de chose, ce qu'il faut avoir et posséder, c'est en quelque sorte cette finesse de jugement, cette mobilité de l'esprit, ce regard qui sait voir bien loin, quoique placé derrière des lunettes ; tout cela ne s'apprend pas, seul le temps, la persévérance le forme, et aussi y avoir des tendances par vocation.

Science maudite

MAGIE NOIRE :-: SORCELLERIE
RECETTES INFERNALES :-: GRIMOIRES
PACTE AVEC LE DIABLE, etc., etc...

Le Cour d'influence personnelle que j'enseigne n'a rien à voir avec la sorcellerie. Malgré cela, j'ai cru bon de vous en parler, surtout si parmi mes élèves il s'en trouvent qui croient à la magie. Lisez et méditez ce que je vais vous enseigner ; les personnes qui n'y croient pas peuvent se dispenser de cette lecture.

Les procédés et les recettes que nous enseigne la magie et la sorcellerie n'ont aucune valeur par eux-mêmes ; le seul intérêt que l'on puisse y porter et retenir, est celui de satisfaire notre curiosité et celui d'en tirer un enseignement psychologique, il nous démontre l'état d'âme de la population des siècles passés.

Mais si les recettes par elles-mêmes n'avaient aucun effet, la réussite arrivait néanmoins fatalement quelquefois.

Les circonstances et les personnages seuls y étaient pour quelque chose et il n'est pas dit que ces procédés d'envoûtement ne peuvent pas encore réussir de nos jours ; le principal pour réussir, il faut que la victime s'y prête par une croyance, une superstition qu'elle porte en elle ; une personne peut même s'*envoûter elle-même* et les effets du mal ressemblent grandement à ce que l'on appelle la *maladie imaginaire.*

Toutes les recettes de la magie sont difficiles, il faut se procurer toujours un tas de choses particulièrement longues et difficiles à trouver, et remarquez bien que toutes ces difficultés tiennent l'esprit en éveil, le fixe sur ce que l'on veut voir se réaliser.

Toutes ces recettes difficiles n'avaient qu'un but chez les initiateurs de la magie, augmenter la force et l'influence personnelle d'une personne qui devenait sorcier ou sorcière et la vue d'un sorcier ou d'une sorcière était un sujet de terreur qui produisait un affaiblissement de la force morale des gens du peuple ; ce qui fait que quoique ces procédés nous paraissent enfantins, ils réussissaient quelquefois ; puis les invocations produisaient à la longue un déplacement de la sensibilité, venaient suggestionner un cerveau faible et bien préparer pour les recevoir, en un mot, il n'y avait en jeu ni diable, ni esprit infernal, mais simplement tous les effets de l'influence personnelle qui a toujours existée, mais qui était inconnue comme naturelle par le peuple aussi bien que par les sorciers eux-mêmes.

Seuls les esprits cultivés, les intellectuels la connaissaient et ils la gardaient pour eux-mêmes. D'ailleurs, il est probable qu'ils n'auraient jamais pu la faire comprendre théoriquement aux populations illettrées et superstitieuses de ces temps qui voyaient le diable partout.

Je crois que ces explications sont suffisantes pour vous démontrer ce que vaut la magie et la sorcellerie.

Conseils d'un vieil observateur
à la jeunesse au-dessous de 40 ans

Pour être heureux dans la vie, il y a bien des *petits riens* qui passent inaperçus et qui sont la cause de grands tourments.

Par exemple, ne jamais rechercher à exercer aucune autorité avant l'âge de quarante ans ; généralement, l'homme en est incapable au sens du mot. Les exceptions sont très rares ; pour les personnes les mieux douées, elles ont tout à gagner en restant dans l'expectative et apprécier la direction des anciens, se former un jugement sain et juste qu'elles sauront mettre à profit plus tard.

Les jeunes personnes se croient toujours arrivées, soit par leurs capacités, leur éducation, au dernier degré de perfectionnement. Que les personnes âgées fasse un retour sur elles-mêmes, qu'elles se rappellent en elles-mêmes les choses qu'elles ont faites, qui n'ont pas réussi, qui étaient contraire à leur bonheur et souvent à leur santé, elles reconnaîtront que cela est toujours vrai ; en regardant autour d'elles la jeunesse qui grandit, elles s'aperçoivent que cette jeunesse n'a rien appris, qu'elle retombe continuellement dans les mêmes erreurs.

L'homme, comme tous les êtres, évolue, mais lentement ; vouloir le faire évoluer plus vite que la nature ne le commande, c'est aller trop loin, plus loin que les forces ne le permettent actuellement et il rétrograde, ce qui a pour résultat appréciable et palpable de nous ramener à un éternel recommencement. En effet, qu'est-ce que représente quelques siècles dans l'évolution de l'humanité ? cela équivaut à peine à quelques minutes dans la vie d'un homme.

L'homme guide son évolution lui-même parce qu'il est conscient ; il la guide en bien ou en mal, selon la tendance, je dirais presque l'instinct sans que le sens de ce mot soit de trop ici, selon que sa nature le porte d'un côté ou de l'autre, ou selon la voie où il a été poussé, entraîné.

La nature a des lois que les simples mortels ne peuvent abroger, il est reconnu que toujours deux choses semblables s'attirent et se confondent ; la pluie va à la rivière, la rivière va à la mer ; l'argent va où il y en a déjà avec bien plus de facilité qu'aux endroits où il n'existe pas. Un tout petit enfant se sent instinctivement attiré par un enfant de son âge et ne le sera pas par un de quelques années plus âgé. En toutes choses, la constatation est la même.

Le mal, quel qu'il soit, ne peut attirer le bonheur. Donc celui qui est porté au mal ne pourra aspirer être heureux ; en cherchant à faire du mal aux autres, il attire vers lui son propre malheur.

Quel que soit l'empire de nos passions, nous avons notre libre arbitre et ce libre arbitre nous donne le pouvoir de faire le bien, de nous attirer le mieux et plus de bonheur ou de faire le mal, de nous attirer le pire, de nous attirer des ennuis qui sont une source de malheur direct ou indirect par voie de répercussion.

Pour être heureux, il faut se comporter en tout avec réflexion, éviter surtout de faire quelque chose dont on puisse se repentir, à tirer parti des choses le plus avantageusement possible, sans jamais blesser ni l'honneur, ni la justice.

C'est un point très difficile, on n'acquiert la sagesse, le plus souvent, que par une expérience longue et coûteuse ; à force de faire des fautes et des sottises on apprend à ne plus en faire, malheureusement trop tard, et quelquefois à la fin de la vie ; et c'est à ce moment que l'on ressent toute la vérité du fameux proverbe qui apparaît dans tout son éclat

Si jeunesse savait ! Si vieillesse pouvait !

Savoir bien administrer ses biens est également indispensable pour être heureux, comme de savoir diriger sa personne.

Toujours bien régler ses dépenses sur ses recettes et s'arranger de façon à économiser, sans pour cela aller à l'avarice. Si vous ne savez pas économiser, vous pouvez vous attendre pour une cause quelconque à être un jour dans la gêne, le besoin, plus ou moins grandement, mais qui est toujours un signe de malheur qu'une économie raisonnée eut empêché.

Donc, vivre avec économie, ne rien entreprendre sans avoir bien réfléchi et sans avoir pris conseil de personnes d'âge à qui on peut accorder confiance.

Toujours éviter d'acheter à crédit, rappelez-vous que les maisons qui vendent à crédit s'emparent de votre liberté et que pour aucune chose au monde si vous voulez être heureux vous ne devez en aliéner une parcelle.

Il vaut mieux n'avoir qu'une chemise qui soit à soi que d'en avoir deux qui ne soient pas payées.

Les maisons de crédit sont une plaie, elles font plus de mal qu'elles ne rendent de services. Lorsqu'elles tiennent une personne, elles ne la lâchent plus ; elles savent renouveler leur créance à mesure qu'elle diminue, elles savent avec un art admirable vous conduire jusqu'au tombeau et reprendre leur ascendant sur vos enfants.

Pour être heureux, refusez toute offre de crédit de ces maisons et dites-vous bien que vous êtes assez fort, assez volontaire pour économiser l'argent qui vous est nécessaire pour faire vos achats vous-même et conserver une entière indépendance envers vos fournisseurs.

De même, évitez toujours d'emprunter de l'argent, surtout par billet ou par obligation.

Si, selon la situation de fortune que vous avez, vous deviez contracter emprunt, ce qu'il ne faut faire qu'après une longue réflexion, faites le par contrat, celui-là vous attirera moins de soucis que tous les autres.

Pour être heureux, évitez les procès comme la peste ; pour les éviter, vivez dans la légalité. Tout procès, quel qu'il soit, même que votre cause est juste et ne fait aucun doute, est toujours une cause de malheur. Entre parents surtout, il faut toujours les éviter ; s'il arrive des difficultés, s'en rapporter à un arbitre, choisi de commun accord, qui tranche le différend par l'équité qui ne coûte rien : au lieu que les procès coûtent cher et les arrêts rendus d'après la loi ne le sont pas toujours d'après l'équité.

Tenez-vous toujours à une certaine réserve. Vivez avec vos plus grands amis comme si vous deviez devenir ennemis un jour et si vous concluez un marché, un contrat, traitez-le toujours comme si vous étiez ennemi de votre partenaire. Ne dites pas ou ne pensez pas ceci : entre nous nous n'aurons pas d'ennuis, mais plutôt le contraire et ce sera le plus sûr moyen de rester toujours de bons amis, si vos arrangements sont faits dans un sens contraire.

Pour être heureux, prenez des habitudes d'ordre et de travail ; le travail est aussi indispensable au bonheur de la vie que le besoin de manger l'est à la vie elle-même.

L'oisiveté rend malheureux ; consacrer son occupation aux plaisirs quels qu'ils soient est le plus sûr moyen de s'attirer le malheur, c'est vivre

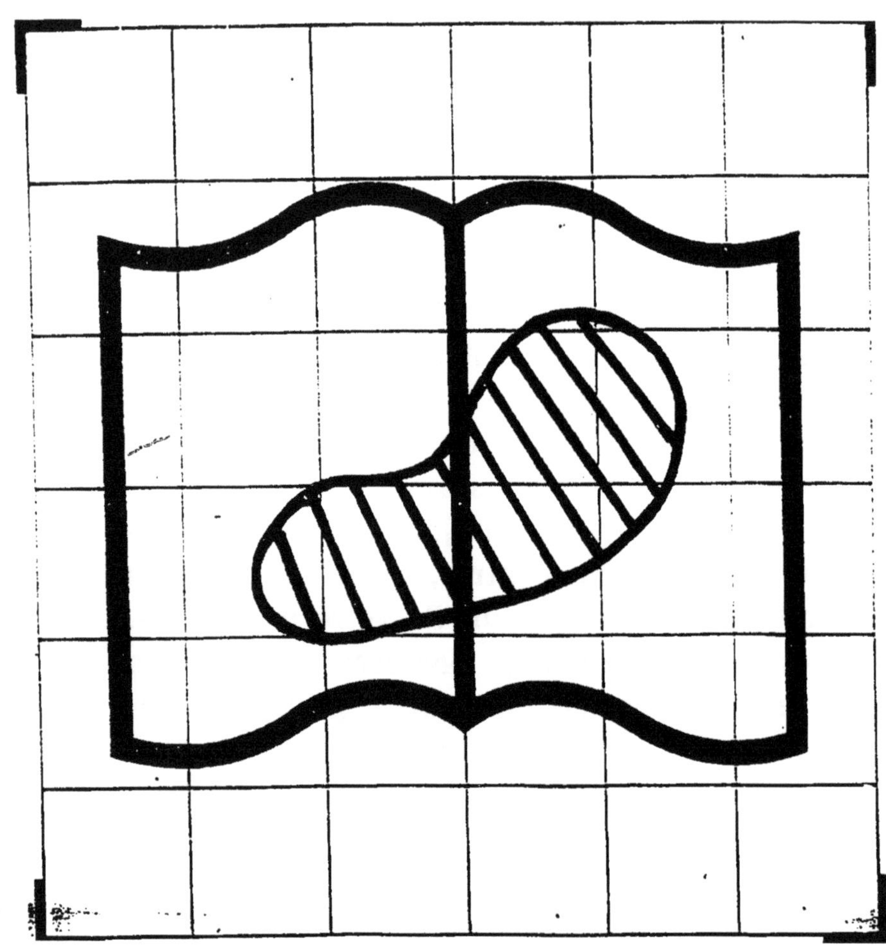

sa vie « trop vite » et le bonheur que l'on en retire n'est que factice, toujours de courte durée. Ces plaisirs apparaissent comme n'étant plus des plaisirs et il est impossible de trouver autre chose qui fasse le vrai bonheur ; il n'y a qu'un seul moyen, retourner en arrière et recommencer par où on aurait dû débuter : par le travail.

La personne heureuse n'est pas forcément celle qui se trouve à la tête d'une grosse fortune par héritage.

Celle qui a eu le plaisir d'être l'artisan de sa fortune a ressenti un bonheur que la précédente n'a même pas eu seulement le plaisir de comprendre.

Bien employer son temps et sa vie, c'est savoir vivre d'après l'intelligence, c'est le lot de l'homme qui évolue dans le sens de l'élévation de son esprit; qui donne le contentement intérieur et le bonheur.

Vivre désœuvré, c'est végéter, c'est rapprocher l'homme de l'instinct de l'animal, c'est le ravalement de son esprit qui ne donne que dégoût, ennui, mécontentement et rend malheureux par répercussion.

Pour être heureux, il ne faut pas être ambitieux ni égoïste. Les ambitieux ne connaissent jamais le vrai bonheur, ils ressentent des moments de joie qui sont généralement suivis par de profondes amertumes.

Plus on sème de désirs, moins on recueille de bonheur.

Le plaisir n'est pas le bonheur, il est comme une fleur délicate qui vous enivre de son parfum et vous empêche de rien sentir. De loin le plaisir semble l'idéal, le merveilleux ; de près, ce n'est plus que la déception.

Un vertige continuel et rien de plus, voilà à quoi ressemble la vie de ce monde ; au vieil observateur arrivé à la fin de son existence elle ne lui laisse qu'amertume, ennuis, regrets et une profonde déception.

L'influence personnelle est une force qui vous sera très utile, je ne dis pas pour arriver au bonheur parfait, mais pour augmenter le bonheur de votre existence et c'est plus tard que vous en ressentirez les bons effets et que vous ne regretterez pas mon enseignement.

DEUXIÈME PARTIE

Dans cette partie se trouve les dix leçons du Cours d'Influence personnelle

PAR

le Prof. J. FLAMBARD
32, Rue de Chateaudun
LILLE-FIVES (Nord)

AVIS TRÈS IMPORTANT. — Avant de commencer votre étude, lisez attentivement la première partie et si vous le voulez, la troisième, mais en ce qui concerne ces leçons, vous ne devez les ouvrir que les unes après les autres, après que chaque enseignement est parfait, que vous avez acquis la pratique courante des exercices que comporte chaque leçon.

PREMIÈRE LEÇON

De l'influence du regard

Le regard est la clé dominatrice des forces de l'influence personnelle, la première est la plus souvent employée.

Cette première leçon y est spécialement consacrée, ce n'est que lorsque vous aurez réussi les divers exercices qu'elle exige que vous devrez ouvrir la seconde leçon.

Pour le moment, mettez toute votre attention à bien suivre celle-ci et arriver à faire les exercices prescrits sans difficulté ni fatigue.

Selon vos loisirs, vous pouvez y consacrer de 15 à 20 minutes chaque jour, mais jamais plus d'une demi-heure à la fois ; au début, ne pas dépasser 15 minutes, car il faut éviter de se fatiguer ; ce qu'il faut, c'est de la *tenacité* et une *ferme volonté de réussir ;* vous *réussirez* et la *récompense dépassera vos espérances.*

Le premier exercice est d'arriver à tenir les yeux ouverts et éviter le battement des paupières, cela le plus longtemps possible ; le moins 15 minutes sans que vos paupières ne se ferment une seule fois.

Vous arriverez à ce résultat par des exercices répétés chaque jour et augmentés progressivement.

Prenez une grande feuille de papier de couleur *vert tendre*, le vert est la couleur qui fatigue le moins les yeux ; placez-la sur un panneau ou à défaut fixez-la à un mur, en plein air, ou si c'est dans un appartement, de préférence entre deux fenêtres, ou face aux fenêtres.

Fixez sur cette feuille, à la *hauteur de votre ceinture*, un rond de papier blanc d'un demi-centimètre de diamètre environ ; placez-vous debout, à deux mètres de distance ou un peu moins pour commencer et fixez le point blanc continuellement sans abaisser les paupières et comptez lentement un, deux, trois, quatre, jusqu'à ce que l'abaissement des paupières se produise soit instinctivement, ce qui arrive fréquemment au début, ou à la suite du picotement que l'on ressent aux yeux, on est obligé de fermer les paupières.

Après chaque clignement de paupières, vous recommencez à compter par le chiffre un, deux, etc., et ainsi de suite, au bout de quelques jours, vous constatez un progrès sensible.

Lorsque vous serez capable de tenir vos yeux fixés sur un point placé à la hauteur de votre ceinture pendant 15 minutes sans qu'il se produise aucun abaissement de paupières, vous passerez au degré suivant de l'exercice.

Vous changerez le point blanc de place et le placerez à la hauteur de votre menton, placé à cet endroit vous recommencerez les mêmes exercices et lorsque vous aurez réussi à tenir les yeux ouvert pendant 15 minutes sur ce point, vous changerez encore une fois le rond de place, vous le mettrez à dix centimètres au-dessus de votre tête et continuerez les mêmes exercices et dans les mêmes conditions, vous remarquerez que plus le point à fixer est élevé, plus vous devez ouvrir les yeux, plus il vous sera difficile d'empêcher l'abaissement des paupières.

Vous continuerez par une sorte de gymnastique des yeux ; il vous faut fixer toujours le point blanc, mais en oscillant la tête de droite à gauche et de gauche à droite et aussi en faisant tourner légèrement le cou.

Le dernier degré de cette leçon comporte une série d'exercices variés que vous devez réussir sans difficulté pendant 15 minutes et plus sans abaissement de paupières et *cette fois sans que vous ressentiez que vos yeux s'emplissent d'eau.*

Vous changez et faites varier la couleur de la feuille de papier, ainsi que celle du point rond, vous placez ce point à des hauteurs différentes sans tenir compte de la progression, c'est-à-dire que vous passez de la partie la plus basse à la plus haute et à toutes les hauteurs vous renouvelez la série des exercices des yeux, des mouvements de la tête et du cou et vous vous placez à des distances différentes, depuis un mètre à cinq mètres, du point que vous fixez.

Ensuite vous remplacez le point rond par la tête d'une grosse épingle, vous devez arriver à concentrer votre regard sans *clignement de paupières* à un degré de fixité que vous ne voyez plus le papier, mais rien que la tête d'épingle ; si vous avez trop de difficultés à arriver à ce résultat, prenez une épingle plus grosse, même un clou que vous diminuerez progressivement de grosseur.

Cette gymnastique des yeux ne peut nuire en quoi que se soit à la vue, elle ne peut que la renforcer et la fortifier.

Cette première leçon est la plus importante de toutes ; il est absolument indispensable que ces exercices vous soient devenus familiers pour que vous réussissiez à obtenir une influence quelconque ; la fixité du regard est la clé qui commande, qui ouvre et qui dirige.

Rappelez-vous bien ceci, qu'un seul abaissement des paupières, fusse-t-il imperceptible, fusse-t-il d'un millième de seconde, suffit pour *annuler tout le travail que vous avez fait.*

Une onde de force, qui émane de vous se trouve brisée ; dans les leçons suivantes je vous l'expliquerai.

Donc, persuadez-vous de l'importance particulière qui est attachée à cette première leçon et vous ne serez jamais assez perfectionné dans cet exercice ; ne vous pressez pas de passer aux exercices suivants.

Rappelez-vous que l'avenir est à ceux qui savent patienter et attendre, ne jamais se décourager, surtout ne vous découragez pas, c'est cette première leçon qui vous paraîtra la plus difficile, la plus ennuyeuse.

Plus vous avancerez plus vous prendrez goût à cet enseignement, surtout lorsque vous aurez constaté la puissance véritable que vous avez acquise qui dépassera toutes vos espérances.

Il est nécessaire que vous connaissiez le pourquoi des choses. Si dans l'enseignement de mon Cours je vous prescris de ne passer à une leçon suivante que lorsque vous êtes initié aux précédentes, c'est dans l'intérêt de l'enseignement que je donne, c'est pour ne pas distraire vos pensées, votre cerveau par des choses que vous n'avez pas encore à connaître, vous devez réserver toute votre force pour celle que vous suivez avec le soutien de l'attrait de l'inconnu et l'assurance d'un pouvoir merveilleux que vous arriverez à posséder.

Rappelez-vous toujours que le livre que vous avez entre les mains n'est pas un vulgaire roman dont on dévore les pages pour sa distraction, pour son amusement.

Vous avez un Cours, un enseignement de grande utilité pour votre avenir et votre réussite dans la vie ; donc, je ne vous ai pas envoyé ce Cours et j'espère que vous ne l'avez pas acheté non plus par curiosité, mais bien dans le but de travailler et de vous perfectionner. Si vous voulez réussir, vous devez suivre les leçons que je vous donne, de la façon que je les prescris.

DEUXIÈME LEÇON

De la projection du regard

Lorsque tous les exercices de la première leçon vous seront familiers, vous les continuerez néanmoins sans être obligé de les suivre journellement, ni de la même façon ; étant maître du clignement de vos paupières, vous vous habituerez dans la vie courante à fixer les objets les plus variés de la façon que je vous indique dans la première leçon.

Pour les objets brillants, il faut vous habituer à projeter votre regard non sur eux, mais à quelques centimètres à côté en faisant varier l'éloignement selon que vous êtes plus ou moins rapproché de l'objet ; plus vous êtes près, plus vous éloignez le point et plus vous en êtes éloigné, plus vous rapprochez le point fixé de l'objet brillant.

Vous vous habituerez à fixer vos interlocuteurs ou les personnes qui se trouvent placées devant vous. Je vais vous indiquer comment on doit fixer quelqu'un pour arriver à l'influencer et ce point fera l'objet de cette deuxième leçon. Non seulement je vais vous enseigner comment fixer quelqu'un que vous voulez suggestionner, mais aussi je vais vous expliquer *pourquoi* vous devez agir ainsi. Cette explication est nécessaire à toute personne qui suit mes leçons ; vous reconnaîtrez mieux le bien-fondé et toute l'importance des exercices qui sont exigés dans ce Cours en lisant seulement cette deuxième leçon ; vous apprécierez déjà toute l'importance de la première et que sans la maîtrise de votre regard, il vous est impossible de suivre avantageusement les exercices de la leçon suivante.

Il y a des personnes qui croient, il y en a qui ont enseigné que pour influencer, il fallait regarder quelqu'un en face, bien dans les yeux ; c'est une erreur, on peut réussir certainement par ce procédé, à la *seule condition* que vous soyez plus fort magnétiquement, volontairement, que votre interlocuteur, mais si vous rencontrez une personne plus forte que vous, c'est fatalement vous qui succomberez et par ce procédé en voulant influencer, c'est vous qui avez toutes les chances de l'être.

Ce n'est pas dans les yeux qu'il faut regarder quelqu'un et voici pourquoi.

En regardant quelqu'un dans les yeux, vous perdez de la force parce que vous rencontrez une résistance directe opposée, le regard de la personne qui est en face de vous, son regard comme le votre émet des ondes, peut-être même plus puissantes et en le regardant dans les yeux vous subissez une résistance semblable à celle que rencontre deux lignes droites partant de deux points opposés l'un à l'autre, et chaque ligne dirigée vers le point de départ de l'une et de l'autre, fatalement ces deux lignes se rencontrent et la plus forte refoulera la plus faible.

Vous devez vous exercer à toujours concentrer votre regard sur un point qui est figuré par la rencontre d'une ligne horizontale passant par le milieu des yeux et d'une autre verticale suivant le sommet du nez.

En regardant de cette façon les personnes, si vous savez bien concentrer votre regard sans le laisser dévier ni s'attirer sur leurs yeux, vous ne subissez pas leur regard, vous ne rencontrez augêne, votre force se déploie sans fatigue.

Les ondes du regard de votre adversaire se trouvent détournées à leur base par l'émission, la projection des vôtres qui les font dévier légèrement de chaque côté.

La redoutable ligne droite vous ne la rencontrez plus, elle se trouve légèrement écartée de sa projection, il se produit chez votre interlocuteur comme une vague impression de fatigue du regard qui provient de ce choc en retour et qui le force à abaisser de plus en plus les paupières ou à détourner son regard.

Dans cette deuxième leçon vous vous contenterez de constater les effets que produit votre influence sur les personnes les plus variées que vous rencontrerez ; continuer vos exercices sans aucune idée d'influence, jamais vous ne serez trop exercé.

Je vous parlerai de la façon d'influencer dans les autres leçons, contentez-vous dans ces deux premières leçons de bien réussir la concentration et la fixité de votre regard, à savoir le projeter et le maintenir.

Rappelez-vous surtout, que toujours un exercice est annulé, toute influence émise est perdue par le plus court abaissement des paupières.

Ne passez d'une leçon à une autre que lorsque vous vous sentez suffisamment exercé.

TROISIÈME LEÇON

De la mobilité du regard

Dans cette leçon, c'est encore le regard qui en fait le sujet, vous pourriez penser que tout ce qui concerne le regard aurait pu avoir sa place dans une seule et même leçon.

Par expérience je ne le pense pas ainsi ; au contraire, il faut procéder par degré et dans l'ordre. Aussi pour me tenir dans mon enseignement et pour qu'il puisse vous profiter, je parle à une personne qui connaît parfaitement les deux premières leçons, non pour les avoir lues, bien entendu, mais qui en connaît la pratique et que des expériences suivies lui ont permis de réussir sans effort.

Si dans cette étude vous étiez pris de faiblesse, de découragement, ce qui arrive *surtout* aux personnes timorées, à qui le développement de leur influence personnelle est une nécessité indispensable du succès, du bien-être et du bonheur réel qu'elles peuvent avoir dans leur existence, il est reconnu que ce sont les personnes qui ont le plus besoin d'augmenter leur force qui se découragent le plus vite ; combattez cette tendance si vous la ressentez vous aurez remporter une première victoire sur vous-même, vous en remporterez d'autres qui vous assureront un avenir meilleur et une vie plus facile.

Vous avez absolument besoin d'être le maître de votre regard non seulement pour pouvoir développer votre influence au mieux de vos intérêts lorsque vous avez une affaire à traiter, un marché à conclure, ou que vous devez vous-même subir celui d'une autre personne, en un mot dans toutes les circonstances de l'existence, quelque soit votre situation, si vous êtes appelé à diriger, à commander, votre influence personnelle bien développée, vous permettra non seulement d'obtenir un bon rendement de vos inférieurs, mais aussi le respect et le dévouement, et l'appréciation de vos qualités par vos supérieurs.

Le but de mon Cours, le but que je poursuis est de faciliter la lutte pour la vie que chacun aujourd'hui doit soutenir avec plus en plus de vigueur et de plus en plus énergiquement.

Je ne me suis pas proposé de vous enseigner l'influence personnelle pour mal faire, ni pour donner des récréations et des soirées, quoi que vous trouverez dans les leçons suivantes les indications et les règles à suivre pour provoquer le sommeil, l'état somnambulisme, la télépathie la catalepsie, etc., je dois vous enseigner toutes les règles qui vous permettront de provoquer le sommeil aussi facilement que les hypnotiseurs professionnels.

Pour le regard, je ne saurais trop insister sur l'*importance* essentielle qu'il y a à éviter le clignement des paupières et que sans cela vous n'arriverez jamais à aucun résultat appréciable.

Les yeux émettent des rayons, des ondes, qui sont des forces et qui voyagent avec une vitesse supérieure à celle de notre puissance visuelle, donc par le regard vous projetez une force continuelle qui n'est interrompue que par l'abaissement des paupières, car la ligne droite qui vient de vos yeux se brise et si vous subissez le regard de votre interlocuteur, les rayons qui émanent de son regard traversent ce point brisé et votre influence, non seulement devient nulle, mais vous êtes exposé à subir celle de votre adversaire.

Pour projeter votre regard vous êtes fatalement, par habitude, toujours attiré vers les yeux de votre interlocuteur, c'est ce qu'il faut surtout bien éviter lorsque vous regardez quelqu'un de le regarder dans les yeux, directement.

La projection de votre regard doit avoir lieu au sommet du front et vous descendez ensuite votre regard pour le fixer au point que vous connaissez entre les deux yeux ; vous vous y arrêtez, mais pas trop longtemps, à seule fin de ne pas éveillez l'attention ; toujours sans abaissement des paupières, vous promenez votre regard en suivant le front et en descendant à droite et à gauche jusqu'à la ceinture, vous le remontez toujours vers le sommet de la tête et revenez vous fixer entre les yeux en augmentant continuellement la durée que vous restez fixer à ce point et par vos paroles, arrangez-vous que la personne à qui vous vous adressez, ramène continuellement son regard sur vous.

De cette façon vous ne donnez pas l'éveil, ce qui est indispensable ; vous enveloppez votre adversaire d'un lien invisible, ininterrompu, dont les fils aboutissent tous au point central, le milieu des yeux, qui diminue ses forces de résistance en remontant votre regard en dehors de lui, vous évitez de remonter sa force et partant chaque fois du sommet du front pour abaisser votre point de fixité entre les yeux, il ressentira comme quelque chose de lourd, d'indéfini, en y ajoutant la concentration de la pensée dont je vous parlerai plus loin, votre volonté deviendra la sienne, il ne pourra plus vous résister.

Le regard, il faut toujours le projeter *sans aucune* expression de dureté, plutôt avec douceur, surtout ne pas gêner votre adversaire brusquement ; il arrive souvent que des personnes très facilement suggestionnables, se ressaisissent par une première gêne trop brusque qu'elles ont ressentie, ce qui les fait se détourner, même vous fuir.

Pratiquez ces exercices en société, envers des personnes qui se trouvent en face de vous, qui vous parlent ou dans toutes autres circonstances, cela seulement dans le but de vous exercer et non dans celui d'influencer, car pour suggestionner quelqu'un, il faut projeter une pensée, une volonté : vous l'apprendrez plus loin dans les leçons suivantes.

Pratiquez également et journellement ces exercices sur vous-même en vous plaçant devant une glace ou sur des personnes de vos amis ou vos parents.

Ne vous découragez pas surtout ; qu'est-ce que quelques mois d'étude, quelquefois ennuyeux, je le reconnais, mais rappelez-vous que ceci vous donnera la vie plus facile pour toute votre existence.

QUATRIÈME LEÇON

Du regard de la défense

Dans cette leçon, il ne s'agit plus d'influencer, mais de se défendre d'une influence mauvaise, que l'on redoute.

Sur ce point mon Cours d'influence personnelle est d'une utilité incontestable.

Si je vous enseigne la manière d'influencer, je dois aussi vous fournir celle de vous défendre et pour le plus grand bien des personnes faibles qui redoutent toujours de se laisser séduire ou fasciner ou, en employant un terme extra académique, de se laisser « entortiller », ce qui image bien exactement la ligne enveloppante développée dans la précédente leçon.

Les jeunes filles, les jeunes femmes, trouveront dans cette leçon un secours précieux qui leur permettra de conserver leur dignité, leur honneur au cas où des importuns voudraient s'y attaquer ; d'autres personnes faibles trouveront le moyen d'y défendre leurs intérêts.

En général, toute personne connaissant l'influence personnelle, reconnaîtra immédiatement si on veut la suggestionner et si elle n'est pas suffisamment exercée pour attaquer elle-même, elle le sera assez pour se défendre, ce qui est déjà une grande chose et les cas dans la vie ne manquent pas où vous rencontrez quelqu'un qui, avec d'agréables sourires, n'en veut qu'à votre personne et le plus souvent à votre argent si vous en avez.

Un proverbe dit ceci : « Il est plus facile à une personne forte de gagner une fortune, qu'à une personne faible de conserver celle qu'elle possède.

Il y a des personnes, sans même avoir de connaissances approfondies de suggestion, qui savent néanmoins, par leurs paroles insinuantes, fermes et volontaires, le ton qu'elles emploient, leur regard, etc., arriver au cours d'une conversation à vous réduire à l'obéissance absolue.

Et ces personnes y arrivent sans connaître les principes de l'influence personnelle, quel pouvoir formidable ont-elles quand elles la connaissent.

Vous reconnaîtrez ici l'importance que toute personne, surtout si elle est faible, a à connaître les moyens de défense qui peuvent la sauver d'une emprise mauvaise.

Par la simple lecture plusieurs fois répétée des trois premières leçons, vous saurez reconnaître si une personne cherche à vous influencer ; alors, aussitôt que vous vous en êtes aperçu, c'est à vous à vous mettre sur votre défense et pour cela éviter de regarder dans les yeux la personne qui veut vous influencer et surtout de baisser les yeux, d'abaisser votre regard au-dessous du sien, le mieux est de projeter votre regard au-dessus de sa tête ou entre ses yeux au cas seulement où vous seriez capable d'y concentrer votre regard sans le laisser dévier sur le sien, ce qui vous sera difficile si vous n'êtes pas exercé, il vaut mieux abandonner ce point si vous ne vous sentez pas capable de vous y maintenir, le point de résistance est le sommet du front, vous descendez votre regard sur sa personne, en évitant ses yeux ; vous remontez au front pour vous y fixer et vous pensez bien que vous ne voulez pas qu'elle vous influence, que vous ne voulez pas accepter ce qu'elle vous propose, qu'elle ne réussira pas et que vous garderez votre liberté ; projetez avec fermeté cette pensée contraire à la sienne, vous êtes assuré de résister à toute influence.

Au cas où vous vous sentiriez faiblir, si vous êtes assis, levez-vous et si la taille de votre adversaire dépasse la vôtre, éloignez-vous de lui et déplacez-vous continuellement, vous augmentez votre force de résistance, diminuerez sa force d'attaque, votre adversaire s'en apercevra, il abandonnera la partie et vous serez sauvé.

Il est très important de savoir se défendre dans toutes les circonstances de la vie et chaque jour il y a eu des malheureux et des malheureuses qui sont tombés dans la misère, le déshonneur, le vice, l'alcoolisme et qui n'étaient ni des personnes vicieuses, ni des personnes méchantes, ni d'une mauvaise nature ; mais par la seule suggestion ont été entraînées dans le déshonneur le plus bas.

Une dernière recommandation, que ce soit pour vous défendre contre une suggestion ou pour attaquer, il faut toujours avoir soin de se défendre des chocs brusques.

Il y à choc lorsque vous plongez brusquement votre regard sur celui de votre interlocuteur et que vous rencontrez le sien déjà fixer sur le votre , vous ressentez de ce fait un coup brusque qui va jusqu'au cerveau, ce choc est toujours évité ou amoindri en évitant de projeter votre regard directement sur les yeux, mais sur le front, quitte à l'abaisser sur les yeux pour le fixer ensuite au milieu des deux yeux à la base du nez, au point déjà indiqué.

CINQUIÈME LEÇON

De la concentration de la pensée

Les quatre premières leçons ont été consacrées au regard ; si vous les avez bien étudiées et que toutes les règles vous soient familières. vous vous exercerez à la concentration de la pensée sur un sujet déterminé.

Car il est évident que vous ne pouvez exercer aucune influence si votre regard n'est pas accompagné de la volonté fixée par la pensée sur un sujet déterminé qui peut varier à l'infini.

Il faut que le regard soit accompagné de la pensée fortement concentrée sur ce que l'on veut suggérer.

En même temps que vous projetez votre regard, il faut que votre pensée soit concentrée continuellement sur le sujet que vous voulez suggérer, non seulement de façon vague et indécise, mais que votre pensée soit matérialisée, que vous voyez en vous-même la personne accomplir ce que vous exigez d'elle, il faut aussi faire accompagner votre regard de l'expression qui convient ; s'il s'agit de joie, de crainte, d'amour ou de haine, il faut que votre regard exprime lui-même le sujet que vous voulez suggérer.

Pour vous habituer à concentrer votre pensée, commencez à la concentrer sur un sujet qui vous intéresse ou qui vous plaît, il vous sera plus facile de maintenir votre pensée sur ce point que sur tout autre et ensuite vous continuerez à fixer votre pensée sur des choses quelconques, des plus variées et cela le plus longtemps possible.

Dans cet exercice, le principal est que votre esprit soit absorbé par une pensée unique et que vous ne vous laissiez pas distraire de cette pensée le plus longtemps possible en l'accompagnant toujours d'une rigoureuse fixité du regard.

Pour ce genre d'exercice, si vous pouvez vous procurer un collier d'une centaine de petites boules ou de petites billes quelconques, pourvu que vous puissiez les enfiler dans un fil, vous ferez glisser entre vos doigts ce chapelet pendant que vous tiendrez votre pensée concentrée.

Vous débuterez cet exercice dans la solitude, ensuite vous vous habituerez en société ou dans la foule à tenir votre pensée sur un sujet, cela vous sera plus difficile à cause de la force qui émane des autres personnes et qui forcément vous porte à la distraction.

Vous devez continuer ce genre d'exercice jusqu'à ce que votre pensée soit devenue stable.

Avec le regard bien exercé et la pensée bien concentrée, vous posséderez une force formidable que vous êtes loin de soupçonner ; bien peu de personnes se font une idée des effets extraordinaires qu'elles peuvent produire par la force physique qu'elles portent en elles et qu'un simple entraînement suffit à porter à son maximum de puissance.

« L'esprit humain, conscient de ce qu'il peut faire, est une des forces les plus puissantes de la nature. »

N'ayez jamais le moindre doute de votre insuccès ; il ne faut pas qu'une seule pensée de doute fasse place à la concentration de votre pensée ; ce point qui n'a l'air de rien est ce qui empêche quelquefois les débutants de réussir et les découragent pour toujours.

Dans cette leçon, il n'est question que de la concentration de la pensée, de la suggestion que vous pouvez exercer mentalement par cette pensée ; il ne sera pas question de la suggestion parlée que je trouve inutile, mais mentalement il faut toujours formuler vos pensées à l'impératif, c'est-à-dire que vous suggérez toujours en progressant, il ne faut jamais suggérer brusquement et c'est par la pratique que vous deviendrez habile à reconnaître de quelle façon vous devez suggérer.

Par exemple :

Vous avez le désir de..., vous acceptez..., vous devez accepter..., vous allez faire..., vous faites...

Mais ne jamais commander dans votre pensée ces termes :

Je veux que..., je commande..., j'ordonne..., etc.

Ces pensées de commandement sont mauvaises et contraires à toute réussite ; elles doivent être dans les termes des précédentes qui sont à l'infini et qui doivent être dictées par ce que l'on veut suggérer.

En même temps que vous le pensez, il faut que vous voyez, dans votre imagination, le fait s'accomplir par la personne.

La prochaine leçon va être consacrée à une série d'expériences qui vous prouveront que vous n'avez pas perdu votre temps et que vous êtes maintenant capable des faits les plus surprenants ; à ce moment vous comprendrez toute l'importance de mon Cours et vous ne regretterez ni vos fatigues, ni la ténacité dont vous avez eu à faire preuve pour arriver à ce degré de perfection.

Le temps qu'il faut pour arriver à la perfection, je me garderai bien de vous le fixer, cela dépend de la facilité des élèves et aussi du sérieux avec lequel ils poursuivent cette étude.

SIXIÈME LEÇON

Des expériences

Avec les cinq premières leçons bien comprises, vous êtes armé suffisamment pour tous les besoins de l'existence.

Je vais passer à une série d'expériences, ces expériences seront pour vous la preuve que votre éducation est faite dans les conditions voulues et que vous avez acquis un pouvoir, qu'il ne vous reste plus qu'à l'augmenter continuellement *par la pratique.*

Si vous ne réussissez pas ces expériences, il faudra recommencer votre étude par le commencement, inutile de passer aux autres leçons avant d'avoir obtenu un résultat appréciable et que vous pouvez juger par vous-même.

Je vais vous faire faire trois expériences. Je ne demande pas que vous les réussissiez toutes les trois *entièrement*, mais il faut que vous obteniez un résultat au moins sur l'une d'entre elles.

Les cinq premières leçons de ce Cours, je vous le rappelle, vous sont suffisantes et sont les seules que vous avez besoin de connaître et de bien pratiquer pour arriver à la réalisation de vos désirs à la matérialisation de vos rêves, pour traiter une affaire à votre avantage, un marché, vous corriger de vos défauts, de vos mauvaises habitudes et celles des autres personnes, tel que l'emportement, la colère sans motif plausible, le peu de goût pour le travail, la faiblesse de volonté et de caractère, le goût immodéré pour le tabac ou l'alcool, la funeste passion du jeu ou la tendance à la luxure ou au libertinage ; en un mot vous pouvez vous attaquer à toutes mauvaises habitudes et aussi vous serez capable d'en suggérer de bonnes. Ceci n'est qu'une question de volonté et de mise en action de façon suivie de votre influence personnelle ; en un mot vous possédez le pouvoir d'influencer, de fasciner une personne sans l'endormir, à son insu et de lui suggérer ce que vous voulez qu'elle fasse.

Vous pouvez aussi guérir de nombreux cas de maladies, vous pouvez vous faire craindre, respecter et aimer, même passionnément. Je reviendrai sur ces sujets, mais rappelez-vous que pour tout et en tout, l'observation exacte des règles des leçons précédentes est absolument indispensable.

Je vais vous indiquer quelques expériences auxquelles vous devez maintenant vous exercer.

Je vais commencer par l'expérience classique de la chute en arrière.

Pour votre début il ne faut pas exiger de grands résultats ; quoi qu'il arrive que des personnes particulièrement bien douées en obtiennent de surprenants dès le début.

On désigne sous le nom de « sensitif » les personnes qui se laissent facilement influencer.

Pour votre première expérience choisissez une personne plus faible que vous-même, de préférence un enfant ; tous les enfants sont facilement suggestionnable.

Vous commencerez votre première expérience par l'attraction en arrière.

Pour cela vous faites placer votre sujet debout, les talons et la pointe des pieds joints ; vous lui dites qu'il reste ainsi les bras pendants et le corps mou, qu'il ferme les yeux et qu'il n'ait aucune crainte, mais ne lui dites pas que vous voulez le renverser en arrière, il faut qu'il l'ignore dans cette première expérience.

Vous vous placez derrière votre sujet et vous appliquez légèrement vos mains sur ses omoplates, sans aucune pression, le bout des doigts à la hauteur des épaules et les pouces tournés vers la colonne vertébrale.

Vous laissez vos mains ainsi pendant une à deux minutes, puis vous les retirez lentement, très lentement en pensant fortement que vous voulez que le sujet suive vos mains et en retirant vos mains vous voyez dans votre pensée matérialisée le sujet vous suivre, il ne faut pas que vous le voyez tel qu'il est, c'est une condition essentielle pour réussir dans tous vos désirs.

Pendant cette expérience vous avez fixé votre regard sur le milieu de la nuque du sujet ; *concentrez et matérialisez* votre pensée, c'est-à-dire que vous voyez dans votre imagination la personne agir selon votre volonté et il ne faut jamais avoir en vous le moindre doute qu'elle peut agir autrement.

Il pourra arriver, si votre expérience réussit bien, que la personne se renversera en arrière et ce sera pour vous la preuve que vous réussirez facilement plus tard toutes les expériences que vous désirerez, que vous êtes assuré d'un brillant succès.

Mais il se peut aussi que la chute ne se produise pas, ne vous découragez pas pour cela, vous demanderez à votre sujet s'il n'a pas ressenti quelque chose et qu'il veuille bien vous expliquer ce qu'il a ressenti, ne lui demandez pas s'il ne s'est pas senti attiré en arrière, c'est lui qui doit vous le dire pour bien vous convaincre.

Si vous ne réussissez pas avec la personne que vous avez choisie comme sujet de vos expériences, il faut recommencer avec une autre, parce qu'il y en a qui se retiennent instinctivement, plus fortement que d'autres.

Voici une deuxième expérience ; pour celle-là vous n'avez pas besoin de demander à personne de vous servir de sujet et vous pourrez la renouveller souvent, cela vous exercera d'abord et ensuite c'est par des expériences convaincantes que vous prendrez conscience de votre force.

Il faut toujours, pour le début, choisir une personne plus faible que vous, vous arrivez plus facilement et éprouverez une résistance moins grande.

Dans une foule ou dans un endroit quelconque où vous avez une personne placée devant vous, prenez-la pour sujet expérience et essayez de la faire se retourner, rien que par la suggestion de votre pensée.

Pour cela, le procédé est toujours le même, fixer votre regard sur un point situé sur sa nuque, qui porte sur la colonne vertébrale, et concentrer votre pensée sur l'idée bien arrêtée de faire se retourner cette personne.

Comme toujours, vous suivez les principes qu'il est bien inutile de vous rappeler, ce serait employer du papier inutilement, grossir le poids de ce volume et ce n'est pas sa grosseur, ni la quantité de papier qui le compose qui fait sa valeur, ce serait tomber dans le matérialiste et j'ai horreur du matérialiste qui avilie l'esprit et animalise l'humanité, contrairement à son but qui est de se perfectionner et de s'élever de plus en plus, de renforcer son esprit à seule fin d'être le maître des passions et des défauts où nous entraîne la matière et savoir la dompter, la conduire.

Excusez-moi si je me suis laissé détourner du

sujet de ma leçon et j'y reviens au point où je me suis arrêté.

Donc, en maintenant votre pression sur cette personne, vous arrivez ou plutôt vous devez fatalement arriver à voir cette personne s'agiter, se remuer ; quelque fois elle porte la main sur la place où votre concentration se fait et finalement, sans savoir pourquoi, elle se retourne.

Cette expérience ne peut vous compromettre en rien et la personne en question est absolument incapable de s'en apercevoir, elle s'est retournée c'est vrai, machinalement, elle ne sait pas pourquoi.

Si elle était absorbée à regarder une chose qui l'intéressait, comme par exemple une pièce de théâtre, votre expérience serait plus difficile, il vous faudrait profiter des entr'actes pour expérimenter.

Sur une personne marchant devant vous, il est également difficile de réussir l'expérience à cause de son déplacement continuel.

Dans le même ordre vous pouvez faire également une expérience plus décisive celle-la.

Vous prendrez une tige de fil de fer de 50 à 80 centimètres, vous faites chauffer un des bouts au rouge ; vous prenez l'autre bout dans la main et vous fixez bien ce fer rouge, même plusieurs fois de suite ; si je vous fais faire cela, c'est à seule fin d'en conserver la vision matérialisée dans votre esprit et avec cette vision seule, sans aucun fer bien entendu, vous procéderez à l'expérience que voici.

Je vous recommande d'abord de bien vous former l'idée que la tige de fer est entre vos mains et qu'elle est rouge (je sais bien qu'elle n'y est pas), mais vous devez la voir matérialisée dans votre imagination et n'ayez pas le doute qu'elle n'y est pas, c'est un point important, difficile à prendre pour beaucoup de personnes, qui est cependant absolument nécessaire à la réussite.

Donc vous vous voyez avec cette tige de fer rouge que vous avez matérialisée dans votre esprit, vous faites asseoir devant une personne faible pour commencer, si vous réussissez bien, vous passez à une personne plus forte.

Cette personne étant assise, vous lui recommandez de rester immobile et de fermer les yeux, vous vous placez derrière elle, vous plongez votre regard sur sa nuque et vous approchez *votre bras très doucement de son cou* ; vous *tenez, au figuré et matérialisé* la tige de fer rouge et vous suggérez que la personne ressent la *brûlure du fer* à l'endroit où vous avez concentré votre pensée et votre sujet ressentira une brûlure plus ou moins vive qui lui fera porter la main vivement à cet endroit. Ce mouvement vous convaincra de la réussite de votre expérience et de votre force.

Vous en conclurez que si vous êtes capable de provoquer la douleur, vous pouvez également la guérir.

Cette expérience peut être étendue de la même façon et plus fortement, plus difficile à réaliser, mais elle n'est pas irréalisable.

Vous procédez de la même façon en renouvelant la même expérience sur la même personne, plus on fait d'expériences avec le même sujet, plus on les réussit facilement, parce qu'il s'établit un courant sympathique qu'il est toujours de plus en plus facile à rétablir.

Donc vous arriverez à une expérience plus forte si vous le voulez ; vous approchez toujours, au figuré, la tige de fer rouge, puis plus brusquement vous la posez sur la nuque du sujet et pensez fortement que la brûlure s'est produite, que vous voulez qu'elle se produise et que la marque apparaisse ; pour cela le procédé ne change pas, c'est toujours la même opération, simplement le but seul désiré qui change.

Eh bien, je ne vous dis pas que vous verrez le stigmate, la marque de la brûlure apparaitre, je ne puis vous le promettre, car il s'agit de matérialiser une immatérialité ; je ne connais pas vos prédisposition naturelles, mais si elles sont bonnes, vous verrez se produire le stigmate de la brûlure, n'ayez aucune crainte, cela est sans aucun danger pour le sujet et ce stigmate disparaît vivement comme il est venu sous votre influence contraire.

Si vous êtes le témoin et l'auteur d'un fait aussi important, vous vous récrierez peut-être : Mais ce que vous m'avez fait faire, c'est de l'envoûtement !

Donnez le nom, employez le terme que vous voudrez, il ne s'agit que de l'emploi rationnel de votre force personnelle, de votre influence et toutes les pratiques bizarres de la magie et de la sorcellerie n'avaient qu'un but, celui de fixer la force personnelle sur un seul sujet et empêcher que toute l'influence qui en émane ne fusse distraite d'un autre côté.

Vous pouvez continuer ces expériences et essayer de tuer une grenouille par la fixation du regard. Pour cela vous l'enfermez dans un vase rond, de manière qu'elle ne puisse en sortir en grimpant le long des rebords, vous la laissez quelque temps dedans ainsi, pour qu'elle sache bien qu'elle est emprisonnée et qu'elle ne peut sortir ; puis vous vous approchez d'elle en la regardant fixement entre les yeux avec la volonté que vous matérialisez toujours en vous de la voir tomber à la renverse, se raidir et mourir ; au bout d'un moment plus ou moins long vous aurez obtenu le résultat désiré si vous avez bien procédé dans les règles ; sur un crapaud, en procédant de la même façon, vous faites une expérience plus intéressante parce que le crapaud est beaucoup plus fort, qu'il vous résistera davantage et que lui-même cherchera instinctivement à vous influencer. Le crapaud se nourri d'insectes et il arrive souvent qu'il les immobilise en les fascinant, comme le fait le serpent sur l'oiseau, l'épervier également fascine des petits oiseaux ou des petits rongeurs dont il fait ordinairement sa proie.

Pour dompter les animaux vous devez procéder de la même façon ; par votre regard bien projeté, vous faites fuir un chien même méchant ; il se sauvera ou tout au moins n'osera pas approcher, ni se jeter sur vous, si vous ne le lacher pas du regard, si votre regard tombe ou se détourne, vous courez le risque qu'il se jette sur vous.

Rappelez-vous que le meilleur moyen de se défendre et de dompter les animaux est la projection de votre regard sur eux, s'ils s'y montrent rebelles au début il faudra l'accompagner d'une correction, ensuite vous aurez soumis l'animal le plus ombrageux à votre domination ; mais en général cette soumission ne profitera qu'à vous-même, les animaux rebelles conservent généralement leur instinct et ne sont soumis qu'à la personne qui les a domptés.

Toute espèce d'animaux domestiques peut être dressée de cette façon, il faut toujours agir progressivement, sans jamais les brusquer.

Lorsque vous aurez réussi quelques-unes des expériences indiquées dans cette leçon, vous serez conscient de votre force, ce qui est indispensable, vous passerez à la leçon suivante.

SEPTIÈME LEÇON

Dans cette leçon je vais vous enseigner comment vous devez procéder pour réussir une chose quelconque que vous désirez ; tel que : la guérison d'une maladie, vous faire aimer, estimer, conclure un marché à votre avantage, corriger une passion quelconque, inculquer à un enfant par exemple le goût du travail et tout autre cas qui peut se présenter où il n'est pas utile d'avoir recours au sommeil magnétique.

Pour provoquer le sommeil, l'hypnose, je ne vous en ai pas encore parlé, les trois dernières leçons y seront consacrées, mais je ne saurais vous en recommander la pratique courante, c'est-à-dire que je n'en recommande la pratique qu'aux personnes que leurs loisirs permettent de suivre les exercices et l'entraînement nécessaires pour obtenir un bon résultat.

Le but de mon enseignement n'est pas de vous entrainer aussi loin, mais de donner à toutes les personnes qui ont confiance en moi une force nouvelle ou plutôt une grande augmentation de la force de volonté qu'elle possède déjà, cela pour leur servir pour affronter la lutte pour la vie dans toutes les circonstances de l'existence.

Pour réussir par l'influence personnelle, cela demande aussi de l'imagination, c'est à quoi vous devez vous exercer et ce soin c'est vous-même qui devez le fournir et vous *prêter aux diverses circonstances que vous avez à résoudre* en ne perdant pas de vue la pratique des premières leçons que je vous ai enseignées.

Par l'influence personnelle, par la suggestion à l'état de veille, si vous voulez guérir des malades, je vais vous donner la marche à suivre ; le fait est possible et prouvé, pour le début ne vous attaquez pas à de grands malades, vous marcheriez vers un échec à peu près certain ou alors vous êtes une personne bien douée.

Contentez-vous, pour les débuts, de demi-résultats et de traiter les légers malaises.

Dans tous les cas qui se présenteront à vous, il faut que le malade ait une entière confiance en vous et s'il ne l'avait pas, qu'il fut même légèrement sceptique, votre pouvoir serait grandement diminué.

Il faut gagner la confiance du malade, même sans le connaitre, il faut que votre pouvoir lui soit annoncé, que de nombreuses preuves de guérisons lui soient racontées, même s'il ne s'agissait pas entièrement de la vérité, c'est un cas où un mensonge peut être salutaire ; il est préférable qu'il demande votre intervention, qu'il la réclame avec impatience, que vous le fassiez attendre, espérer, désirer, que vous vous arrangiez de façon que votre malade soit toujours entretenu de vos succès de guérison, que son esprit se porte sur vous le plus possible.

Il n'est pas utile que vous voyez le malade pendant ce temps-là ; lorsque vous jugez, selon le cas, que vous avez à traiter, que le malade s'est déjà suffisamment suggestionné lui-même.

Vous lui rendez une première visite, brusquement, sans qu'il soit prévenu d'avance, vous vous faites annoncer et quelques minutes après vous pénétrez dans sa chambre, cette façon fera sur lui une forte impression qui sera favorable pour la guérison.

Lorsque vous êtes en face du malade, la marche à suivre, tout en étant continuellement la même, diffère avec chaque cas qui se présente, qu'il m'est impossible de vous énumérer et la façon de vous comporter et de traiter votre malade doit être guidée par l'état et l'esprit du malade lui-même.

Vous vous percevez de suite s'il vous témoigne une grande confiance, que vous devez toujours et continuellement augmenter en lui par vos manières, vos paroles, vos actes.

Il est inutile que je vous rappelle que la première chose que vous avez à faire en entrant, c'est de fixer votre regard, de le promener autour de lui, de l'envelopper et de lui suggérer vos désirs de mieux progressif et de guérison.

Avec un malade, il ne faut jamais être brusque,

ni pressé, écouter attentivement ce qu'il vous dit de son mal, se le faire expliquer, même s'il vous raconte les choses les plus invraisemblables, il faut vous garder de le contredire, au contraire et d'accepter pour vérité tout ce qu'il vous raconte et d'après ses explications vous jugerez si le mal est plus ou moins profond.

Ensuite, tout en l'enveloppant de votre suggestion, vous lui expliquez que ce mal peut être guéri, que vous allez y mettre toute votre volonté et qu'il guérira relativement vite.

Si vous voyez que le mal nécessite plusieurs visites, vous dites au malade, selon le cas où il se trouve, que vous viendrez le voir tel jour à telle heure et qu'il sera bien mieux.

En faisant toujours et en augmentant vos suggestions de force, vous arriverez non seulement à guérir plus ou moins vite votre malade, mais vous pourrez le suggestionner à venir lui-même vous trouver si vous le jugez utile.

Dans certains cas, il est nécessaire de fournir une preuve matérielle pour convaincre le malade.

Par exemple, je vais vous citer un fait qui peut se présenter à vous.

Un malade vous dira, j'ai eu le malheur un jour de boire à une fontaine de l'eau fraîche et depuis j'ai une douleur intolérable dans l'estomac, j'ai avalé une petite anguille, elle a grossi et elle vit dans mon estomac, c'est cela qui me ronge, d'ailleurs je la sens. Ah ! si vous saviez comme elle me fait souffrir, si je pouvais la faire sortir, je serais guéri, j'ai tout essayé et elle n'est pas venue.

Vous apprécierez immédiatement le cas qui se présente, n'essayez pas de contredire votre malade, au contraire, vous suivrez attentivement ses explications et vous vous arrangerez adroitement, de façon à ce que votre malade puisse voir une anguille dans son vase, que l'on y aura placée à son insu.

Si le cas nécessite plusieurs visites, à chacune vous augmentez votre suggestion et vous progressez de cette façon :

Vous êtes bien mieux..., vous ressentez un mieux appréciable..., votre bonne mine me réjouit..., vos forces augmentent..., vous guérissez vivement...

Et dans votre imagination, vous voyez le malade accomplir les progrès que vous lui suggestionnés, vous ne le voyez pas tel qu'il est véritablement, mais tel que vous voulez qu'il soit.

Il est évident que vous-même vous devez être entièrement convaincu de votre force et que vous n'avez pas le moindre doute de la non réussite.

Ce qu'il est toujours bon de recommander au malade, c'est la suggestion pendant le sommeil.

Par exemple vous lui dites : Comment dormez-vous ?... Vos nuits sont-elles agitées ?... etc...

Et, quelque soit sa réponse, recommandez-lui à l'impératif dans ce sens :

Vous allez penser fortement avant de vous endormir que votre sommeille va augmenter votre guérison !... et n'avoir aucune autre idée qu'à votre réveil vous serez beaucoup mieux !... que vous éprouverez le besoin de vous lever et que chacun de vos sommeils augmentera vos forces !... que le repos absolu est nécessaire !... que la guérison, en observant strictement ces conseils ne fait pas de doute et n'est qu'une question de jours.

Ce qu'il faut, c'est posséder par un long entraînement toujours continu, une force de volonté supérieure à la force corporelle ; rien que la fixation du regard en est une preuve, vos paupières s'abaissent instinctivement, sans aucun commandement, c'est la matière qui agit d'elle-même et il vous faut arriver à ce que la matière soit domptée par une force plus forte qu'elle-même.

Pour bien vous faire comprendre et vous expliquer votre influence de guérisseur, ce qui vous est nécessaire à votre propre conviction, voici ce qu'il se passe, il s'établit entre votre cerveau et le système nerveux de votre malade, une communication dont celui-ci profite et qui rétabli chez lui un équilibre déplacé ; cette influence agit sur l'ensemble des forces vitales et en redresse, en réassujetti la désorganisation ; une médication n'agit que sur la partie malade et une suggestion agit sur l'organisme tout entier.

Toute maladie, tout état malade, petit ou grand, est le résultat d'un état de déséquilibre de l'ensemble des forces que nous possédons.

Pour bien vous préciser la façon dont se désagrègent nos forces, je vais vous en citer quatre, quoique immatérielles, sont presque palpables.

Je cite : la mémoire, l'imagination, l'intelligence et la volonté.

Ces quatre désignations peuvent être réunies en une seule : l'esprit.

Toute maladie, quelle qu'elle soit, frappe l'esprit dans ses parties distinctives, mais plus ou moins les unes ou les autres. Guérissez cette partie malade et la matière suivra forcément.

Dans les cas rebelles ou si vous ne déployez pas assez de force, vous faites des passes sur la partie malade en imposant les mains à plat.

Pour cela vous faites asseoir ou coucher le malade, vous lui recommandez de fermer les yeux et de penser qu'il va guérir.

Vous passez légèrement et lentement les mains sur la partie malade, à nu de préférence, et chaque fois vous secouez les mains comme si vous vouliez vous débarrasser d'une matière gluante ; vous relevez les mains, la paume en haut et recommencez ; ces passes peuvent être faites une fois ou deux fois par jour et durer chaque fois une vingtaine de minutes, le tout dépend de la gravité du cas que vous avez à traiter.

Vous faites avant et après des insufflations d'air chaud ou froid. Pour cela, pliez en plusieurs doubles un linge ; aspirez de l'air plein les poumons et appliquer la bouche sur le tissu et forcer l'air chaud à traverser le tissu et à pénétrer sur la partie malade.

Pour l'air froid, il suffit de placer un gaz sur la partie malade et de souffler à distance dessus, comme si vous vouliez allumer un feu.

Je ne vous cite ici aucun cas spécial de maladie, vous en trouverez une liste dans la troisième partie de ce Cours. Vous pouvez agir sur tous les cas, vous soulagerez, tout au moins, si vous n'arrivez pas à guérir, tel que dans les cas où une intervention chirurgicale est nécessaire.

Pour vous guérir vous-même ou simplement vous préserver d'une maladie que vous redoutez, ce qui est toujours plus facile, il faut pratiquer sur vous-même l'*auto-suggestion ;* pour cela il est absolument indispensable que vous soyez suffisamment entraîné à influencer les autres et que votre maximum de force soit bien développé.

Faites des suggestions sur vous-même aussitôt que vous ressentez les premiers symptômes du mal ou que vous le redoutez.

Vous pouvez faire ces suggestions à l'état de veille pour passer à l'état de sommeil.

Pour cela couchez-vous commodément à votre

aise et fixez votre pensée sans la laisser dévier sur cette idée que vous ne voulez pas être malade ou que vous voulez que ce mal vous quitte, que vous allez être guéri ; pour cela, fixez continuellement un point quelconque pendant que vous vous suggestionnez et ainsi jusqu'à ce que le sommeil s'en suive ; que vous allez dormir et que le sommeil va vous guérir complètement ; endormez-vous dans cette idée implantée fortement en vous et le sommeil aidant, huit fois sur dix vous guérirez ou tout au moins il y aura amélioration sensible, qu'il n'y aura plus qu'à continuer pour obtenir la guérison complète.

Dans tous les cas qui se présenteront, le procédé est le même et ne diffère dans son application que par le cas lui-même. Il faut ne point être distrait par autre chose, se voir guérir, concentrer sa pensée sur l'idée de guérison et faire mentalement les suggestions appropriées.

Voyez par exemple la fatigue, elle pourrait être classée du nombre des maladies, elle est le déséquilibre des forces, le sommeil suffit à la réparer et la force qui sommeille le plus est celle qui a le plus fatigué.

Pour guérir les enfants qui sont tous facilement suggestionnables, vous y arrivez facilement comme pour leur faire perdre leurs mauvaises habitudes.

Dans un autre ordre d'idées, si vous voulez vous corriger vous-même d'une mauvaisè habitude, par exemple de boire, de fumer, etc., il faut procéder sur vous-même par des suggestions continuelles, répétées, toujours le soir en vous couchant et aussi dans le courant de la journée, chaque fois que l'idée de la passion que vous voudrez chasser de vous reviendra, et en très peu de temps votre liberté vous sera entièrement rendu, l'idée de la passion que vous aviez ne vous tenaillera plus.

Si vous voulez enlever les défauts à d'autres personnes, procéder de la même façon par la concentration de votre influence et de votre volonté à l'impératif et par des paroles appropriées et en prenant le ton de circonstance.

Pour vous faire aimer, vous faire des amis, procéder de la même façon et rappelez-vous toujours qu'en toute chose il ne faut jamais brusquer, ne jamais déployer votre force brusquement, mais progressivement ; si vous développez votre force brusquement, vous vous trouvez dans la situation que vous seriez envers une autre personne que je vais vous expliquer et qui vous mettrait forcément en état d'infériorité.

Par exemple, deux personnes doivent se rencontrer dans une lutte, on les place à cinq cents mètres l'une de l'autre et elles doivent avancer l'une vers l'autre et la lutte commencée à leur rencontre ; si l'un des adversaires se met à courir de toutes ses forces pour foncer sur son adversaire et que l'autre se contente de marcher résolument sans effort, au moment de la rencontre celui qui aura couru sera épuisé et en état d'infériorité envers son adversaire.

Il en est de même si vous déployez toute votre force dans une suggestion, ne brusquez jamais, ayez de la persévérance, c'est ce que je vous recommande pour que mon enseignement vous profite, qu'il ne soit pas perdu, sinon vous n'aurez qu'à vous en prendre qu'à vous-même et si vous ne réussissez pas plus tard, vous le devrez à votre manque d'énergie et de volonté.

HUITIÈME LEÇON

Jusqu'à présent je ne vous ai parlé que de l'influence mentale et j'ai évité avec intention de vous parler de l'*hypnose*, du *sommeil magnétique*, du *somnambulisme*, de la *catalepsie*, de la *léthargie*, etc... Je n'ai voulu que vous en parler dans la dernière partie de mes leçons, pour que vous ne mélangiez pas toutes vos connaissances ensemble, ce qui aurait le plus clair résultat, celui de ne réussir dans aucune.

Si les leçons précédentes vous sont familières, entamez celles-ci, sinon si les précédentes ne vous donne pas de résultats appréciables, n'essayez pas de vous fatiguer à apprendre celles-ci, ce serait vouloir apprendre à écrire à une personne qui ne sait pas lire.

Dans tout il faut de l'ordre et que chaque chose soit à sa place ; n'anticipons pas.

Pour vos débuts, il faut choisir des personnes faciles à endormir, c'est-à-dire des personnes *sensitives*, et si elles sont faciles à endormir, elles ne sont pas toujours faciles à réveiller, mais il n'y a rien à craindre, car le sommeil provoqué se change en sommeil naturel et la personne se réveille d'elle-même.

Dans cette nouvelle leçon, vous devenez magnétiseur, hypnotiseur, vous sortez du domaine de l'influence personnelle proprement dite.

Les personnes les plus faciles à endormir sont celles qui détendent leurs nerfs le plus facilement, c'est-à-dire qui ne se retiennent pas instinctivement, vous procédez de la façon suivante pour les reconnaître.

Choisissez une personne faible de préférence et dites-lui que vous allez essayer sa force hypnotique ; pour cela, placez votre bras tendu horizontalement, le poing fermé et vous direz à votre sujet de poser sa main fermée mollement dessus, de laisser son bras complètement mort, c'est-àdire qu'il ne fasse aucun effort soit pour se retenir ou pour appuyer et dites-lui de rester ainsi pendant que vous allez compter jusqu'à cinq par exemple ; vous commencez à compter lentement : un... deux... trois.... ; brusquement, sans aller jusqu'à cinq, vous abaissez votre bras. Si celui de votre sujet suit le mouvement et tombe complètement, vous avez devant vous un bon sujet, si au contraire il a su réagir, que son bras ne s'est pas abaissé complètement, n'essayez pas avec cette personne, elle sera très difficile à endormir.

Il va sans dire que vous ne devez jamais prévenir la personne et qu'elle doit toujours ignorer le but que vous recherchez.

Avant de choisir votre sujet, vous devez vous exercer à prendre une intonation convenable, en ayant toujours bien soin d'employer des termes exprimant un fait réalisé, qui se réalise et qui ne peut laisser aucun doute et vous-même vous devez voir le fait s'accomplir.

La personne que vous voulez endormir vous devez la voir s'endormir comme vous le dites et ne pas la voir éveillée. Je ne vous rappelle pas l'influence de votre regard qui doit être toujours parfait dans n'importe quelle expérience et il est inutile de vous le rappeler, la suggestion verbale ou parlée n'est pas nécessaire pour provoquer le sommeil, bien au contraire, je ne vous recommande pas de vous habituer à employer ce moyen.

Il suffit de prévenir la personne que vous allez l'endormir. Après l'avoir fait asseoir commodément dans un fauteuil ou sur une chaise ; dites-lui qui vous allez l'endormir, qu'elle pense au sommeil, qu'elle évite de penser à autre chose, qu'elle ne fasse rien, aucun effort pour se retenir, vous faites longuement des passes que je vais vous expliquer plus loin et vous, vous pensez fortement et doucement en espaçant ces diverses pensées : Vous avez sommeil..., le sommeil vous gagne..., de plus en plus..., vous allez dormir... vous dor...mez..., dor...m...e...z..., etc...

Si vous employez la suggestion verbale, il faut que vous prononciez ces paroles en même temps et il faut vous apprendre à donner un ton ferme, doux et sans réplique, ce ton est souvent difficile à prendre, il ne faut pas réciter cela comme une leçon apprise, il faut que vos paroles aient de la force, fassent impression.

Quand aux termes que vous devez employer, ils changent suivant ce que vous voulez suggestionner et ce n'est pas à moi à vous les indiquer ici, c'est votre intérêt, elles doivent être à l'impératif, c'est la règle générale, votre imagination doit vous les dicter, elles auront plus de force pour vous.

Maintenant je reviens aux passes que vous devez faire, comment vous devez procéder ; elles doivent se faire lentement, très lentement et du même mouvement.

Vous faites asseoir votre sujet commodément, de manière que la personne n'éprouve aucune gêne, aucune fatigue, de préférence dans un fauteuil un peu bas, légèrement renversé.

Vous dites à la personne de s'abandonner complètement et de ne penser qu'au sommeil et qu'elle va s'endormir.

Ensuite vous vous installez sur un siège placé en face d'elle, mais un peu plus élevé, il est toujours nécessaire de dominer en hauteur la personne que vous voulez endormir, vous augmentez votre force plongeante et vous diminuez la sienne, vous lui dites de vous fixer dans les yeux ; vous, vous fixez le point de concentration.

Puis vous prenez doucement, lentement les mains du sujet et vous appliquez vos pouces contre les siens, de manière que les faces palmaires se touchent, sans exercer aucune pression ; vous faites agir votre regard sans le bouger de place, vous pouvez rester ainsi une dizaine de minutes, peut-être moins, peut-être plus.

S'il ferme les yeux, vous lâchez les mains du sujet doucement ; s'il tarde à fermer les yeux, vous les lâchez au bout de quinze minutes environ et dans un cas ou dans l'autre vous vous relevez debout sans que votre point de fixité se déplace et toujours en face de lui vous élevez vos mains à quelques centimètres de sa tête et les laisser ainsi pendant quelques secondes, puis vous les abaisser lentement jusqu'à la hauteur des oreilles où vous les arrêtez encore quelques secondes, puis les descendez jusqu'à la base de la tête en réunissant vos doigts en pointe ; vous ouvrez cette pointe des doigts pour y laisser entrer la forme de l'épaule et descendrez ainsi toujours très lentement jusqu'au coude.

Ensuite vous éloignez horizontalement vos mains, vous les secouez, les remontez la paume en haut jusqu'au sommet de la tête et recommencez plusieurs passes ainsi de la même façon en descendant jusqu'aux pieds, même jusqu'à 25 à 30 centimètres du sol.

Il ne faut jamais appuyer, mais très légèrement frôler le corps du sujet.

Vous obtenez ainsi le sommeil hypnotique ; si vous continuez vos passes plus longtemps, ce sommeil peut se changer en somnambulisme, en catalepsie et en rigidité.

Mais il est bien rare qu'un débutant y parvienne et d'un autre côté, c'est après que vous serez familiarisé avec un sujet, que vous l'aurez endormi douze ou quinze fois, même davantage que vous pourrez espérer, si le sujet s'y prête, obtenir l'état somnambulisme, vous le reconnaîtrez en posant des questions à votre sujet et si celui-ci vous répond, par exemple pour commencer, un chiffre inscrit sur un papier plié.

S'il est à l'état de somnambule, il doit voir ce chiffre en lettre brillante et vous le nommera ; en continuant vos expériences vous pourrez apprendre des choses plus intéressantes.

Si vous voulez guérir une personne malade que vous avez endormie, faites des passes sur la partie malade et des suggestions ; si c'est pour corriger un défaut ou les mauvaises habitudes d'un enfant, faites les suggestions appropriées.

Pour les enfants, le mieux est de les suggestionner le soir, de les endormir dans leur suggestion.

Pour faire un bon magnétiseur, il faut de l'entraînement et de la confiance en soi, modérer ses passions, être calme, jamais emporté, ne pas faire d'excès, ne jamais rester inactif, mais éviter les trop grands surmenages.

La pratique et toujours de la pratique, tel est le chemin de la réussite.

Voyez la leçon suivante avant de commencer aucune expérience, avant de provoquer le sommeil.

NEUVIÈME LEÇON

Je vous ai appris dans la leçon précédente la manière de provoquer le sommeil.

Mais avant de vouloir endormir, il faut savoir réveiller la personne endormie, c'est ce que je vais vous expliquer.

Il arrive quelquefois que des personnes sont difficiles à réveiller, vous n'avez aucun danger à redouter, la personne finira bien par s'éveiller d'elle-même.

Lorsque vous voulez réveiller le sujet, faites une suggestion mentale ou verbale appropriée, douce et lente, comme par exemple :

Vous allez vous éveiller..., vous n'avez plus sommeil..., vous n'avez plus de fatigue..., éveillez-vous... et vous lui soufflez légèrement sur les yeux à 30 ou 35 centimètres.

Vous faites aussi des passes en remontant, en partant d'abord des pieds jusqu'à la tête, puis des poignets et finissant chaque fois à la hauteur des yeux.

Je recommande de commencer par ces passes pour que le sujet ne ressente aucune fatigue et lorsqu'il est éveillé, il faut s'assurer qu'il l'est bien parce qu'il peut arriver qu'il se rendorme, il vaut mieux être bien assuré que le réveil est normal et que le sujet ne ressent aucune fatigue.

Si votre sujet était particulièrement difficile à éveiller, ce qui arrive avec les personnes qui sont en état de somnambulisme pour les premières fois, vous lui demanderez ce qu'il faut faire pour qu'il se réveille, vous ferez ce qu'il vous dira et il s'éveillera immédiatement.

Surtout éviter d'employer les moyens brusques, tels les bruits, les linges mouillés d'eau froide, etc., ces moyens peuvent être nuisibles.

Pour vous hypnotiser vous-même, vous vous placez devant une glace, vous faites des suggestions de ce que vous voulez réunir, de ce que vous voulez faire et vous dites toujours avec conviction matérialisée.

Je vais dormir, me reposer pendant ce temps et demain ou plus tard, selon le cas qui se présente et je réussirai.

Vous vous couchez toujours avec cette idée bien fixe et vous arriverez à vos fins.

Dans la dernière leçon je vais vous donner quelques conseils supplémentaires qui vous seront utiles.

DIXIÈME LEÇON

L'homme est un être extrêmement sociable, qui recherche volontiers la compagnie de ses semblables et chaque personne prise en particulier essaye de nouer des relations plus étendues dans le milieu où elle vit, de se faire de nouveaux amis.

Cependant réfléchissez, êtes-vous ou connaissez-vous une personne ou en avez-vous jamais rencontré une seule qui puisse se vanter de n'avoir jamais rencontré que prévenance, délicatesse et gentillesse à son endroit.

Cela n'existe pas ! Il faut pour s'en convaincre, considérer l'homme sous son véritable état dans la nature.

L'homme est à la fois esprit et matière, présente de nombreuses imperfections.

Aussi je ne saurais trop recommander aux personnes faibles, surtout aux jeunes filles et aux jeunes femmes de ne jamais se prêter pour servir de sujet d'expérience, de se laisser endormir par une personne qu'elles ne connaissent pas suffisamment et dont elles ne sont pas entièrement sûres de sa moralité. Il peut y aller de leur sécurité.

Les cas sont nombreux où des abus ce sont produits et où la volonté du sujet était entièrement dominée par celle de l'opérateur, et à son réveil, la personne n'était plus qu'un jouet entre ses mains. Il est vrai qu'il n'est pas besoin que le sommeil soit provoqué pour arriver à ce résultat, mais vous savez comment vous défendre et si vous vous laissez endormir, vous êtes sans aucune défense.

Votre sommeil peut se changer en somnambulisme. On peut tomber à l'état de somnambule, naturellement sans aucune provocation directe, le somnambule a les yeux ouverts ou fermés, s'il a les yeux ouverts il déploie une activité et une grande adresse, ainsi qu'une grande habileté, on en a vu se promener sur le toit des maisons.

Le somnambule acquiert une force musculaire considérable, sa mémoire se développe de façon surprenante, il sera capable de réciter un roman qu'il a lu même plusieurs années auparavant, il peut lire dans un livre fermé, il peut écrire, se diriger dans l'obscurité, entendre les plus légers bruits, découvrir les cachettes.

Les somnambules peuvent transmettre les pensées à distances et donnent des preuves de lucidité véritable et de prévision de l'avenir. On imite le somnambule par l'emploi de mots conventionnels ; ceci est l'attraction que l'on voit sur les places publiques.

Dans la catalepsie, le sujet perd toutes les merveilleuses facultés qu'il a dans l'état de somnambulisme, son corps devient immobile, comme pétrifier, les yeux ouverts, le regard fixe, la physionomie impassible, les membres gardent la position qu'on leur donne, même les plus fatigantes.

Je vous recommande de vous suggérer à vous-même en pensant les termes appropriés des choses qu'il est toujours bon de se suggérer.

1° La confiance en soi, en pensant fortement que vous voulez réussir..., que vous réussirez... que vous ne vous laisserez jamais abattre..., jamais dominer..., que rien ne peut vous en empêcher... et que vous êtes maintenant certain de réussir.

2° Que vous avez une forte volonté..., que ce que vous voulez, vous le voulez... sans faiblir..., que votre volonté domine... et que lorsque j'aurais décidé quelque chose, rien ne m'arrêtera.

3° Sur le développement de votre mémoire et de vos facultés, faites-vous de fortes suggestions, surtout le soir pour que votre mémoire se développe pendant votre sommeil.

4° Développez aussi votre bonté, qu'elle y soit déjà, je n'en doute pas, mais elle ne peut l'être jamais assez, rappelez-vous que dans la nature deux forces semblables s'attirent, deux forces contraires se repoussent. Le mal attire le mal, le bien attire le bien et la bonté vous attirera le contentement et la bonté des autres.

Si vous avez suivi toutes les règles que je vous ai indiquées, que vous réunissiez tous les exercices, ne croyez pas que votre éducation est terminée, il faudra continuer à vous exercer si vous voulez acquérir plus de force, la pratique constante est la clé de la réussite ; la théorie n'a de valeur qu'au point de vue de renseignement.

Vous avez à perfectionner l'intonation de votre voix, qui ne sera jamais juste, de manière à savoir fortement impressionner en donnant plus d'importance aux mots et aux syllabes que vous prononcez, à vous rendre compte de quelle manière votre auditeur ou vos auditeurs les absordent et à rendre cette absorption plus complète.

Et la façon de donner et de changer l'expression de vos yeux doit être également un sujet constant de vos soins.

Tout cela constitue un art dans lequel vous devez constamment vous perfectionner, vous n'y serez jamais assez, vous en apprendrez toujours : vous pouvez enseigner, professer et rester vous-même un simple élève.

TROISIÈME PARTIE

Liste des maladies guérissables sans médicament par l'influence personnelle

---

L'interprétation des rêves appliquée par les chiffres favorables aux loteries, jeux, courses

---

Illusionnistes et imitateurs Transmission de pensées, etc...

Liste des principales maladies guérissables

Soit par des passes, sur les parties malades, accompagnées simplement de suggestion, soit en employant le sommeil magnétique, dans tous les cas la façon d'opérer est toujours la même et ne peut varier que pour s'adapter à chaque cas particulier.

Les passes peuvent se faire sur la partie malade ou si le mal atteint l'organisme tout entier, elles doivent se faire sur toute la personne en prenant comme centre le siège du mal et dans ce cas l'influence doit agir fortement sur le moral du malade.

Voici la liste des principales maladies guérissables entièrement par l'auto-suggestion bien appliquée :

Abcès — Acné ou boutons de jeunesse qui, sans être sans danger, sont quelquefois un sujet de répugnance pour d'aucuns — Aigreur d'estomac — Albuminerie — Amaigrissements — Anémie — Aphonie — Manque d'appétit — Asthme — Attaques de nerfs — Palpitations — Bégayement — Bronchite — Calvitie — Cancer — Carreau des enfants — Catharre de la vessie — Chlorose — Clous — Coliques — Constipation — Convulsions — Coqueluche — Courbature — Coxalgie — Crachements de sang — Crampes — Croûtes de lait — Danse de Saint Guy — Dartres — Débilité —

Défaillance — Délirium tremens — Démangeaisons — Maux de dents — Diabète — Diarrhée — Diphtérie — Dyspepsie — Eblouissements — Ecrouelles — Eczémas — Enflures — Engelures — Engorgements de sang — Enrouement — Envies — Erysipèle — Maladies diverses de l'estomac — Fièvres intermittentes — Fièvre de lait — Flueurs blanches — Fluxion de poitrine — La plupart des maladies de foie — Gastralgie — Gastrite — Gerçures — Goîtres — Gourmes — Goritte — Gravelle — Mauvaise haleine — Hémorroïdes — Hoquet — Humeurs froides — Hydropisie — Hystérie — Incontinence d'urine — Indigestion — Insomnie — Ivresse — Jaunisse — Kiste — Migraine — Obésité — Onanisme chez les enfants, ce qui est très pernitieux pour leur santé et leur développement normal — Orchite — Palpitations — Panaris — Maladies de peau — Pellicules — Phtisie — Pituite — Piqûres — Plaies — Pleurésie — Pneumonie — Points de côté — Pustule maligne — Refroidissements — Maux de reins — Rhumatismes articulaires et musculaires — Rhumes — Roséole — Rougeole — Scarlatine — Sciatique — Suette — Sueurs fétides — Taches de rousseur — Torticolis — Urticaire — Varices — Verrues — Vertiges et vomissements.

Dans de nombreux cas, il est nécessaire que le malade se prête à l'intervention de l'influence, comme il est nécessaire que l'influence soit faite dans de bonnes conditions.

Dans tous les cas de maladies énumérées ci-dessus, la guérison peut être obtenue. Si vous n'arriviez qu'à une simple amélioration, il faut toujours savoir vous en contenter, mais vous pouvez être toujours rassuré, votre intervention est sans danger aucun.

Songes, Rêves, Visions, Apparitions

interprétés avec les numéros favorables à acquérir la fortune par le hasard

---

J'ai consacré un important chapitre à ce sujet, il n'a aucun rapport direct avec la suggestion et l'influence personnelle, mais j'ai cru intéresser le lecteur, car ceci est tiré de la *smorfia* italienne et comme la loterie italienne se titre chaque semaine sans interruption depuis 1552 et qu'elle a donné lieu à des observations suivies depuis plusieurs siècles, en interprétant les rêves, pour apprendre les numéros qui nous sont favorables à la loterie, au jeu de hasard et aux courses.

Je n'ai pas eu l'occasion de contrôler moi-même la valeur de cet enseignement, mais il est des personnes très sérieuses qui m'ont certifié avoir réussi merveilleusement.

Les pages qui suivent y sont consacrées, je souhaite qu'elles profitent au lecteur et même que la connaissance de cette clé lui donne un jour la fortune.

Les plus petites causes produisent quelquefois les plus grands effets.

Un incident souvent insignifiant peut changer le cours de l'existence entière.

Ci-joint le texte complet, sans rien y changer, et que je laisse à l'appréciation du lecteur sans aucun commentaire.

Savoir profiter de sa chance au moment formel, tout est là.

Dans l'existence, chacun a ses bons ou mauvais moments. Le malheur qui nous accable ou la chance qui nous favorise, est comme une vague qui arrive sur nous et qui nous est presque toujours annoncée par des signes précurseurs, comme le couchant du soleil est un signe du temps qu'il fera le lendemain.

La preuve de ces signes a été souvent constatée et c'est par les rêves que les signes sont les plus fréquents.

Les rêves et les visions, sont une manifestation aussi vieille que l'homme lui-même.

Le rêve, qu'est-il ? c'est une clairvoyance de notre esprit, qui peut voir notre avenir ou notre passé, pendant que notre corps matériel est endormi, ou plutôt nos sens, qui se reposent, et n'occupent pas les fonctions de l'esprit ; alors celui-ci étant débarrassé en partie, acquiert une force de vision, qu'il ne peut posséder pendant que le corps est éveillé.

Pour obtenir des rêves vrais, il faut dormir sans inquiétude, manger peu le soir, et au moins trois heures avant de se coucher ; il ne faut tenir compte que des rêves que l'on se rappelle très bien, ceux que l'on fait vers le matin sont plus intéressants que les autres.

Quand il s'agit d'un rêve qui vous rappelle un fait qui a frappé votre imagination soit dans la journée ou les jours précédents, il ne faut pas tenir compte de cette partie du rêve, mais s'il est accompagné d'autres choses, ceci change complètement, il faut tenir compte de la partie nouvelle, car l'esprit se reporte en arrière, revoit ce que vous avez vu, et voit ou apprend ce que vous verrez ou apprendrez plus tard.

Si vous avez dans un rêve une apparition qui vous retiens particulièrement, il faut en tenir bien compte, cela est très important.

Les rêves sont attachés au spiritisme, ils n'en sont qu'une manifestation, et la plus ancienne ; ce n'est nullement un phénomène, mais un avertissement dont nous sommes l'objet et que bien peu de personnes savent tirer parti.

A chaque explication de rêve est indiquée un chiffre, l'ensemble de ces chiffres, inscrits sur le tableau sympathique donnent un nombre, et ce nombre une fois obtenu vous pouvez le mettre à la loterie, le lot sera d'autant plus important que vous aurez obtenu le nombre plus vite.

Ci-joint le tableau sur lequel vous devez pour réussir, inscrire les chiffres qui correspondent aux rêves au fur et à mesure qu'ils se produisent ; ce tableau n'est qu'un modèle pour vous, vous le reproduirez sur une feuille de papier et vous vous en servirez pour inscrire les numéros de vos rêves.

NOTA. — Bien suivre ces indications pour composer le numéro du billet, chose essentielle.

1° Vous commencez à inscrire vos numéros en partant de la nouvelle lune ou de la pleine lune, selon l'époque de l'année.

Du 20 décembre au 21 juin, vous marchez avec le croissant de la lune, c'est-à-dire que vous commencez à inscrire les numéros de vos rêves à partir du jour de la nouvelle lune, jusqu'à la fin de la lune et si vous n'avez pas obtenu pendant ce temps un nombre complet, vous n'avez pas à en tenir compte, il ne vous donnerait pas de résultat. Il faut recommencer avec la lune suivante.

Du 22 juin au 20 décembre, vous commencez avec la pleine lune, c'est-à-dire avec le décroissement et vous terminez à la fin des 28 jours, c'est-à-dire à la peine lune suivante.

Mais il est à remarquer que les numéros qui vous sont les plus favorables, se sont ceux que vous obtenez formés complètement dans l'époque d'un croissant ou du décroissant.

Par exemple, pour les premiers six mois, dans les quatorze jours qui vont de la nouvelle lune à la pleine et pour les six derniers mois de l'année de la pleine lune à la nouvelle lune suivante.

Lorsque vous avez fait un rêve, vous le rechercher sur la clé ci-dessous et s'il y est vous regardez le chiffre qui y est indiqué, ce chiffre vous l'inscrivez dans une des cases du tableau sympathique que vous avez fait d'après le modèle ci-dessous, mais vous aurez bien soin d'inscrire ces chiffres *de droite à gauche* et lorsque vous aurez trois fois le *néant* que vous marquerez dans la case par un × le numéro qui vous sera favorable à la loterie sera trouvé.

Il vous suffira de lire le nombre, mais cette fois en commençant par la *gauche*, de manière que le chiffre correspondant au rêve le plus ancien soit le dernier du nombre.

S'il s'agit de courses, vous n'avez pas à inscrire vos rêves, mais le jour même ou le suivant au plus tard recherchez quels sont les chevaux qui prennent part aux courses.

D'après leur nom, le nombre de lettres qui le compose, si le chiffre qui suit votre rêve correspond au nombre de lettres du nom du cheval vous pouvez jouer sur lui à coup sûr, plus il s'en approche plus vous aurez chance de gagner.

Mais toujours dans un délai très rapproché.

×	TABLEAU SYMPATHIQUE										×
×	Gauche . . . . — . . . . . . Droite										×

Explication des Songes

et indication des chiffres favorables qui correspondent

Ne tenez compte que des rêves expliqués ci-dessous et des chiffres qui y correspondent, car ceux-ci ont fait l'objet d'un contrôle long et minutieux.

A

Abeilles : C'est toujours gain, profit, réussite en affaires 4
Les tuer ; perte assurée. . . . . NÉANT
Abri : En rechercher un ; peine secrète, désespoir. 7
Absinthe : En boire ; chagrin, mais suivi de grande joie si on la trouve bonne. . . . 2
Accuser : Si vous accusez quelqu'un ; c'est une mauvaise nouvelle que vous allez apprendre . . . . NÉANT
Si vous l'êtes vous-même, c'est gros succès. 8
Adultère : Grand scandale, querelles, contrariétés nombreuses 0
Aigle : Planant dans les airs ; c'est réussite dans vos projets. 3
Si l'aigle est mort, c'est maladie grave, même danger de mort . . . . NÉANT
Allumettes : Signe de richesse sous toutes formes 2
Ancre : De navire, signifie sûreté dans ses affaires 5

Ane : Succès médiocre et qui n'arrivera qu'après travail pénible 2
Ange : En voir un c'est toujours bonne nouvelle prochaine 6
Anguille : Malice que l'on cherche à vous faire 1
Araignée : Danger de procès, perte d'argent proportionnée à sa grosseur 9
Arbres : Verts ou en fleurs ; joie douce, satisfaction, récréation inattendue 3
Si des fruits apparaissent, abondance, de richesse 4
Si l'arbre est sec ou abattu, c'est tout le contraire: . . . . NÉANT
Arc-en-ciel : Bon présage, surtout au point de vue de la santé 9
Argent : En avoir beaucoup, qu'il soit en votre possession, c'est être assuré d'une augmentation de fortune. 8
Le voir n'étant pas à soi, c'est diminution de fortune 1
Artichaut : Signifie peines de cœur, brouille prochaine . . . . NÉANT
Aumône : La faire ou la recevoir c'est toujours tristesse, moment pénible à passer. . . 5
Autruche : Signifie grand bruit pour rien. . . 2
Aveugle : Le devenir ; danger de trahison. . 8
Si on rêve qu'on l'a toujours été, la trahison viendra de parents 9
Si on en voit un ou plusieurs, c'est que l'on veut trompé quelqu'un 4

B

Bagues : En avoir aux doigts, en or, c'est dignité et puissance 1
Si elles sont en argent ou métal, succès médiocre. . . . . NÉANT

Baigner : Se baigner en eau claire, réussite et bonne santé 2
En eau trouble, chagrin, maladie 0

Bal : S'y trouver ; c'est plaisir, joie, récréations proportionnées à celles que l'on éprouve 7

Balayer : Annonce bon ordre dans ses affaires et réussite 3

Balle : Fortune, plus rapprochée que la balle l'est de soi . . . . NÉANT

Ballon : Elévation de peu de durée. 6

Barbe : L'avoir grande et belle, c'est réussite complète dans toutes entreprises . . . 0

Bière : En boire, perte de temps et fatigues sans profit 3

Billets : De toutes sortes ; sont de bon augure pour la loterie 0

Blé : Si on le recueille, ou qu'il soit en grande quantité, c'est grands profits assurés pour le songeur 8
Si on le voit en petite quantité, ou qu'il brûle, se mouille ou se perde ; pertes prochaines, grave danger . . . . . . NÉANT

Bœuf : Signifie paix intérieure, félicité prochaine. 3

Bouche : L'avoir fermée ; perte d'appétit ; l'avoir infecte, mépris public. 7

Boucherie : Danger de mauvaises affaires . . 1

Boue : Marcher dedans : maladie ; en être couvert : misère 4

Boulangerie : Toujours présage de bonnes nouvelles 6

Bouquets : Joie et satisfaction d'un moment. . NÉANT

Bourse : Pleine, mauvaises affaires ; vide, réussite certaine . . . . NÉANT

Bouteille : Joie, si elle est pleine, grande espérance ; cassée, désolation . . . . . . NÉANT

Barbe : Se la voir arracher ou raser, c'est pertes de parents 4

Si une femme rêve qu'elle a de la barbe, elle enfantera d'un fils . . . . NÉANT

Barils et tonneaux : Abondance de biens, aisance 5

Bas : Fortune médiocre, les voir percés, pauvreté. 0

Bateau : Le voir arriver ; nouvelles inattendues NÉANT

S'y promener par beau temps, c'est prospérer dans les entreprises. 6

S'y promener par mauvais temps, c'est le contraire. 3

Si on voit un bateau faire naufrage, c'est un danger qui vous menace. 1

Bâton : S'appuyer dessus en marchant, c'est danger d'infirmité 9

Béquille : Marcher avec ; infirmité à redouter. 9

Les rompre ; rétablissement prochain ou danger évité 2

Berceau : Ou voiture d'enfant, c'est fécondité. NÉANT

Bestiaux : Rêver que l'on en a une grande quantité, c'est abondance de biens, richesse 5

Beurre : En manger, c'est discorde avec parent 2

Bras : En avoir un coupé, annonce la perte d'un parent 4

Si on a les deux bras coupés, c'est détresse dans la famille ; pour la femme, c'est le divorce ou la séparation et pour l'homme danger de contagion grave. . . . . . NÉANT

Si on rêve que l'on a les bras forts, plus forts, plus beaux que de coutume, c'est richesses et honneurs, profits inattendus, etc. 6

Brigands : Etre attaqué et dévalisé, c'est perte de parents ou de biens. 5

Brouille : Entre amants, c'est mariage avantageux 0

Entre amis, diminution de santé ou de relations. 1

Brûler : Se brûler, indique querelles et disputes 7

C

Cabaret : S'y trouver avec des amis et être bien, c'est avenir heureux. 2

Cabriolet : Aller dedans, bonne fortune. . . 0

Café : En voir, c'est ruine dans vos amis. . NÉANT

Cage : Danger de prison. 1

Campagne : Y aller en partie de plaisir, danger de perdre son bien 7

Canon : L'entendre tirer, perte prochaine, déception. 8

Cantique : En chanter, faiblesse de caractère. 2

Cascade : Ou chute d'eau, fortune inattendue. 5

Cavalier : C'est petite perte, succès manqué. 9

Ceinture : Neuve, bon présage ; usée ou brisée, travail pénible . . . . NÉANT

Cercueil : Chagrin qui déterminera un changement de conduite 3

Cerises : Pleurs, par mauvaises nouvelles. . 6

Chaine : Tourment passager . . . . NÉANT

Champignons : Signe de longue vie, plus elle sera longue plus ils seront nombreux. . 0

Chameau : Signe de richesse facile. 5

Chandelle : Allumée c'est réussite dans les affaires ; pour personne célibataire c'est mariage prompt. 8

Si elle est éteinte, c'est tout le contraire. . NÉANT

Charbons : Allumés et ardents, précautions à prendre contre ses ennemis 4
Eteints, affaires moins difficiles. 4
Chardons : Danger de trahisons. 9
Chariot : Ou charrettes, en descendre, danger de perdre son emploi. 0
Chat : Trahison de parent proche ; le battre ou le tuer c'est éviter la trahison ; s'il vous échappe ou vous poursuit sans pouvoir l'atteindre, vous serez victime de cette trahison. . . . . NÉANT
Château : En bon état, c'est bon signe, avancement, succès 2
S'il est en ruine, c'est maladie et dommage certain 0
Chaussures : Elégantes, c'est profit venant de la part de subordonnés 7
Usées : pertes, procès, pauvreté en perspective. 0
Chemin : S'il est droit et facile, bon présage. 4
S'il est tortueux, vie dure et difficile. . . 0
Chêne : S'il est beau et touffu, c'est richesse et longue existence 9
Cheval : Est généralement de bon augure surtout les blancs ; si un cheval cloche, c'est embarras dans ses affaires ; si un cheval est monté par une autre personne que soi, on fera une découverte désagréable ; on ne doit tenir compte du numéro 8 qu'à condition d'avoir monté à cheval et fait une promenade agréable seul ou en compagnie 8 2
Chevaux : Si on voit plusieurs chevaux attelés ensemble, on met autant de fois le chiffre 2 et on additionne ; si par exemple il y a

quatre chevaux que l'on conduit soi-même on mettra $4 \times 2 =$ 8

Cheveux : Mêlés, c'est outrage et querelles. . NÉANT

Si on les a plus longs et plus beaux, augmentation de richesse. 5

·Si on les voit blanchir, tomber, ou se casser, c'est épuisement. perte. maladie à prévoir 3

Chèvres : C'est toujours signe de bonne santé et de prospérité 1

S'il s'agit de rêver qu'elles vous appartiennent, un ami vous rendra un service appréciable ; si elles ne vous appartiennent pas, il faut se méfier des personnes qui se disent vos amis ; surtout si elles cherchent à vous mordre, vous avez de faux amis qui vous cherche du mal. . . 6

Chiffres : Les mettre au jeu ou à la loterie. . NÉANT

Chocolat : Toujours signe de plaisir, bonne santé 4

Choux : Ennui et tristesse proche 1

Ciel : Le voir en feu, il vous viendra un danger du côté qu'on l'aperçoit. 2

Si le ciel est calme et beau, bon présage. . 2

Rêver que l'on s'élève au ciel, c'est grand honneur 4

Clefs : Accès de colère, surtout si on rêve qu'on les perd 0

Clocher : Elévation proche 7

Cloches : Les entendre, c'est querelles, diffamation 3

Cocarde : Porter celle de son pays, est le présage d'une conduite honorable . . . . NÉANT

Cœur : Rêver qu'il est malade, c'est maladie prochaine 5

Colique : Chagrins intimes, soucis intérieurs. 9

Colonnes : Les voir se renverser, signifie maladie grave et prochaine 0
Colosse : Danger de persécution. 7
Comète : Mauvais présage . . . . NÉANT
Commerce : Rêver qu'on s'en occupe, satisfaction proche. 2
Coq : Profit sans gloire. 3
Coquillages : Perte de temps ou de créances. NÉANT
Corbeaux : Malheur et disgrâce, danger réel. 6
Cordages : Ou cordes, embarras, dangers à craindre. 4
Cornes : C'est un danger, pour le songeur, de la part de personnes orgueilleuses et méchantes . . . . NÉANT
Cotes : Brisées, querelles de ménage ou dans la famille 8
Courir : Vite est de bon présage, joie imminente 5
Couronne : En avoir une sur la tête, perte de biens ou maladie 1
Couteau : Un ou plusieurs, se méfier des brigands, danger d'attaque 3
Crapaud : Rupture entre amis. 0
Cravate : Redouter rhume ou mal de gorge. . . 2
Croix : Tristesse et repentir. 5
Criminels : Ou condamnés, en voir plusieurs : perte d'amis 0
Cuisses : Les avoir bien proportionnées, c'est entreprise d'un voyage qui réussira parfaitement . . . . NÉANT
Cure : Très mauvais présage, surtout pour les malades . . . . NÉANT
Cygnes : Les voir et les entendre chanter, c'est signe de mort . . . . NÉANT
Cuve : Pleine, c'est prospérité assurée. . . . 9

D

Dames : Jeunes dames, calculs incertains, très pénibles 0

Danser : Si on danse, succès médiocre dans ses entreprises . . . . NÉANT

Dartres : En avoir, ou des clous, boutons, faveur inattendue 4

Déluge : Etre envahi par l'eau signifie grande perte . . . . NÉANT

Déménagement : Rêver qu'on déménage, on apprendra une mauvaise nouvelle . . . 2

Dents : Représente les parents ; celles de devant les enfants ou ascendants ; les canines représentent les frères et sœurs ou parents proches ; les grosses dents peuvent représenter les parents éloignés ou simplement les voisins ; celles du haut représentent les personnes mâles, celles d'en bas les personnes femelles ; si vous rêvez qu'une dent de devant remue, c'est maladie ; si elle tombe, c'est la mort dans vos parents les plus proches, et si la dent s'enfonce dans la mâchoire plus la personne est éloignée de vous comme parenté. Pour un homme qui fait le rêve que les deux dents du devant de la mâchoire supérieure lui tombent, c'est sa mort qui lui est annoncée, si c'est celles d'en bas, c'est la mort de son épouse ; si une dame fait un rêve que les deux dents de devant lui tombent, c'est sa mort à elle ; s'il s'agit de la lèvre supérieure, c'est la mort de son époux ou d'une personne très proche. Dans tous les cas précédents si les dents ne font que se briser, il peut y avoir maladie ou accident grave, mais pas de mort. Dans tous les rêves de dents quelqu'ils soient. vous prenez le chiffre. 8

Dessin : On vous fera une proposition qu'il faudra refuser 3

Deuil : Y être : bal ou festins, joie. 7

Dé : A coudre, recherche difficile pour trouver travail et ouvrage 1

Diable : Mauvais présage, mauvais moment à passer. 9

Diamant : Vous aurez une apparence trompeuse de fortune 2

Dieu : Rêver qu'on le voit, c'est une grande consolation ou honneur que l'on recevra sous peu. 4

Doigts : S'ils sont coupés, pertes de serviteurs précieux 6

Don : Si on en reçoit un, c'est un bon avis que l'on va vous donner et que vous devez suivre. 5

Douleurs : En ressentir, c'est épreuve dont en se tirera bien. 1

Dragées : Ce sont des tromperies dont on sera victime 0

Drapeau : Signifie crainte, captivité, ennuis graves en perspective 2

Duel : Signifie brouille dans ménage ou entre amis intimes 4

E

Eau : A plusieurs significations, mais on prend toujours le chiffre 0 pour l'eau ; s'il s'agit d'eau sale et trouble, c'est néant . . . NÉANT

En général l'eau claire, limpide et en abondance est de bon présage pour réussite, santé et affaire, triomphe dans ses entreprises, succès facile ; si l'eau est trouble et sale ou très abondante, c'est tout le contraire ; tomber à l'eau signifie disgrâce passagère 0

Echafaudages : Vous êtes exposé à des opérations mauvaises et ruineuses. 9

Echelle : Votre gloire et votre avenir est peu solide 1

Echo : L'entendre, vous êtes menacé de surdité. 5

Eclairs : Et orage, c'est procès, discorde, brouille 2

Eclipse : En voir une de soleil c'est perte considérable ; de lune, moindre 7

Ecole : Avec écoliers, c'est besoin de conseils. 0

Ecrevisse : Grandes peines à apprendre. . . 3

Ecuries : Bonne nouvelle, accueil favorable. . 8

Eglise : La voir ou s'y trouver, c'est héritage avec procès. 6

Eléphant : Péril de mort. . . . . NÉANT

Embonpoint : S'y trouver, c'est richesses inattendues 4

Enfants : Un ou plusieurs, c'est difficulté, préjudice, embarras dans les affaires. . . 7

Enfer : S'y trouver, présage, amélioration de conduite, une grande consolation . . . 1

Ennemis : Avoir discussion, présage des embarras, de la peine, des revers inattendus 0

Enterré : L'être tout vif, danger d'infortune pour le reste de sa vie. . . . . NÉANT

Epaules : Fortes et belles, c'est signe de force et de prospérité ; faibles et décharnées, c'est le contraire 2

Epée : On peut s'attendre que des services, des bienfaits vous seront rendus 8

Epines : Vous êtes en danger de perdre fortune ou emploi . . . . NÉANT

Escalier : Avenir exposé, le songeur peu craindre ruine ou en partie 5

Etang : Avec eau claire et de gros poissons, abondance de bien ou de santé. . . . 9

Le contraire, pauvreté, maladies, tourments NÉANT

Etoiles : Grandes, prospérité, d'autant plus qu'elles sont brillantes et nombreuses. . 8

Etrennes : Et pourboires, signifie désir du bien d'autrui 3

Etui : Découverte d'objets volés ou perdus. . 1

Evêque : Un grand personnage vous viendra en aide 6

F

Faim : En souffrir, fortune ou aisance acquise par moyens difficiles 2

Faisan : Grand bonheur, joie, profit, santé. . 1

Fantôme : En voir, c'est tentation, tromperie,

Fauteuil : Bonne place ou emploi imminent. 5

Femme : En voir une, ou plusieurs, agréables et belles est de bon augure. 8

Si elles sont déplaisantes, c'est le contraire. NÉANT

Fenêtre : Y descendre, c'est banqueroute ou mauvaises affaires 9

Fer à cheval : Voyage proche et profitable si le fer est en bon état et brillant. . . . 4

Festins : Danger de ruine par intempérance. 7

Feu : Beau et brûlant bien, est de bon augure. 2

Contraire, présage perte, malheurs, difficultés, ennuis. 1

Feuilles : Les voir tomber, c'est maladie dangeureuse. 0

Figues : Sèches, c'est amoindrissement de fortune . . . . NÉANT

Fil : C'est intrigues secrètes ou découverte d'un secret caché 3

Flèches : En voir une ou plusieurs, c'est dégoûts prochains, grand mécontentement . . . 5

Fleurs : C'est grand bénéfice, mais plaisirs et joies très courts. 8

Fleuve : Immense, c'est péril et danger à venir 2

Foin : On éprouvera un accident d'autant plus fort que la quantité est plus grande. . . 6

Foire : Grand tourment suivi de besoin. . . 0

Fossé : Le passer, c'est embûches, trahison et tromperie 1

Foudre : La voir tomber, c'est exil ou fuite, perte de biens ou blessures. 4

Four : C'est aisance et abondance, par changement 9

Fourche : C'est persécution. 0

Fourmis : Profit inattendu . . . . NÉANT

Frères et sœurs : Voir les siens morts, c'est longue vie 8

Froment : Sur pied dans un champ, c'est argent et profit, mais avec peine. 8

Front : Indique que l'on voit les choses justes, qu'il faut parler avec liberté. 5

Fruits : S'ils sont beaux et bons et donnent plaisir, c'est bon signe 1

Le contraire est très mauvais au point de vue de la santé surtout. . . . . NÉANT

Fusil : Tirer un coup de fusil, c'est tribulations suscitées par l'envie 3

G

Gants : Aux mains, prospérité, plaisir, honneur 7

Garde : Ou factionnaire, c'est fatigue, ennui, pour éprouver pertes 0

Genoux : Blessés, c'est entraves et inquiétudes dans le travail que l'on fait. 2

Glace : Vous avez besoin de faire une étude quelconque. . . . . NÉANT

Gland : Un ou plusieurs, disette, pauvreté, mauvaises affaires 1

Gorge : Coupée, c'est un préjudice que l'on vous causera sans le vouloir 4

Goutte : En être atteint : langueur, misère, danger personnel 3

Grange : Bien pleine, c'est gain de procès, héritage, trafic lucratif 9

Grêle : Découverte de choses secrètes à l'avantage du songeur. 0

Grenouilles : Invitation à se méfier des beaux parleurs 2

Grille : En voir une devant soi est danger imminent . . . . NÉANT

H

Habits : C'est mauvais, ennui, injure, perte de procès, brouille, détresse. 5

Haches : Détresse, peine, manque de provisions 9

Hameçon : Vous serez victime d'une supercherie . . . . NÉANT

Hanches : En souffrir, c'est brouille dans le ménage ou la famille 5

Hermite : Ou moine, c'est trahison de la part d'un faux ami 4

Hirondelle : C'est bonne nouvelle d'amis, surtout de ceux éloignés 8

Hôpital : Ennui, privation, mais réussite et bonne espérance. 3

Horoscope : C'est tourments mal fondés, peines, embarras. 1

Huile : Répandue, c'est perte infaillible proportionnée à la quantité 7
Hôtel : Tourments, voyage proche 1
Huche : Aisance assurée par économie. . . . 2
Huissier : Embûches par accusation de faux amis 1
Huitre : Amitié, joie, profit, succès. 0
Hure : C'est triomphe sur un ennemi puissant. NÉANT

I

Images : Plaisirs, transports de joie, amitié. . 3
Impératrice : Perte d'emploi, de dignité ou de réputation 9
Impuissance : Fortune imprévue, illustration. 5
Incendie : C'est peine, procès, malheur ou ruine imprévue 2
Infirmité : Signifie absence de toutes sortes de maux 7
Injures : Marque d'amitié, de faveur, de prospérité 1
Insectes : Progrès dans les arts, découvertes. 0
Instruments : De musique, en voir jouer un, c'est mort de parents. . . . . NÉANT
Inventaire : C'est vilaine affaire à laquelle on sera mêlé 6
Ivresse : L'être sans avoir bu, mauvais signe, action qui déshonorera 9

J

Jambon : En manger, accroissement de famille 1
Jardin : S'y promener, bien-être prochain, joie. 4
Jarretières : Menace d'infirmité . . . . . . NÉANT
Jaunisse : L'avoir, c'est richesse, fortune imprévue 5

Jeunesse : Se voir jeune, félicité, bon temps à passer 7
Jet d'eau : Fausses illusions. 2
Jeu de hasard : On donne prise sur soi et on perdra des amis. 8
Joues : Belles, joies, santé, plaisirs, prospérité, creuses c'est le contraire. . . . . . . NÉANT
Juif : Bonheur inattendu, succès par le commerce 3
Jurer : Ou entendre, on apprendra mauvaise nouvelle . . . . NÉANT
Justice : En être repris, c'est bonheur et amour vrai 7

L

Labourer : La terre, c'est profit durement acquis. 2
Lait : En boire, amitié de femme, mais perte commerciale . . . . NÉANT
Lampe : Affaires difficiles, peines, passions. . 9
Lampions : Danger de misères, même de folie. 0
Langue : Moins volumineuse, c'est sagesse, prudence et profit 3
Langue : Le contraire, signifie le contraire. . NÉANT
Lapin : C'est un signe de faiblesse et d'inconstance 6
Laquais : Ennemis cachés dont il faut se méfier 1
Laurier : Ou arbre vert, c'est longue prospérité et plaisirs 5
Légumes : Découverte de secrets fâcheux et querelles. 8
Lèpre : Profit et richesse avec infamie, bonne affaire où on trouvera son compte. . . 4
Lettres : En écrire à ses amis ou en recevoir, signifie bonne nouvelle 7

Lèvres : Les avoir belles, c'est santé des amis dont on n'a point de nouvelles. . . . 6

Liens : S'y trouver pris, embarras dans ses affaires ou d'argent 0

Lierre : Signifie amitié, attachement. . . . 2

Lièvre : Grands biens en perspective par industrie et adresse 5

Limaçon : C'est charge de confiance honorable. 9

Lion : Enchaîné, enfermé, c'est débarras d'un ennemi 6

Lion : Mort ou le tuer, c'est péril évité, triomphe, réussite complète 8

S'il vous blesse et s'acharne, c'est perte, surtout de santé . . . . NÉANT

Lionne et lionceaux : C'est bonheur en famille. 1

Lit : Sécurité, mais secret utile à découvrir. . . 4

Lire : Qu'on lit, c'est vertu, sagesse, bonne fortune 3

Loup : Mal ou perte de la part d'un homme avare et cruel 0

Lumière : Voir au loin une lumière bien claire, c'est succès plus qu'espérer 2

Lune : Quand elle est belle, c'est santé d'épouse, de mère ou sœur. 6

Dans son déclin, c'est maladie d'épouse, de mère ou sœur 4

Si elle est très obscure et rouge, le mal peut aller jusqu'à la mort. 0

Lustre : Avec bougies allumées, est bon augure si les bougies sont bien brillantes . . . NÉANT

Lunette : C'est disgrâce et mélancolie, indisposition 7

M

Maçon : Ennui, fatigues, folles dépenses. . . 5

Magicien : Evénements imprévus, surprise. . 1

Mains : Plus belles et plus fortes, conclusion d'une affaire importante et lucrative. . 3
Maison : La sentir trembler, danger de perte de biens en procès pour celui à qui elle appartient 0
Malades : Les voir et les servir, c'est de bon augure . . . . NÉANT
Mamelles : Autant vous en voyez, vous aurez d'enfants ; pleines, les enfants se portant bien ; vides, contraire. 8
Manchette : C'est honneur, emploi favorable. 4
Manchon : Présage d'un hiver dur et manque d'argent 5
Marais : Misère malgré son travail. 2
Mariage : En faire, un péril inattendu, tristesse, mélancolie. 8
Mascarade : En voir une, ruse, tromperie. . 9
Médecin : Réussite, prospérité, joie, profit. . 3
Mendiants : Prochains chagrins de famille. . 5
Menotte : Délivrance, débarras proche. . . . 1
Mercure : Plus il y en a, plus vous gagnerez d'argent 0
Messe : Y être, vous aurez une grande satisfaction intérieure 9
Miel : En manger, succès en affaires, sûreté en voyages 4
Millet : Sur pied, grande fortune acquise sans difficultés 6
Moissonneurs : En voir beaucoup, prospérité dans les affaires ou commerce 7
Mont de Piété : Fortune, emplois, honneurs. . 4
Monstres : Voir une femme accoucher d'un monstre, très grands malheurs et dangers pour le songeur. 8
Montagne : La monter, peine et voyage laborieux 3

Morgue : Danger de mort violente pour soi-même . . . . NÉANT

Morts : En voir un dans sa bière, longue vie mais souvent troublée par des envieux. 0

Mouches : Ou guêpes, persécutions suscitées par des envieux, chagrins, ennui . . . 5

Moulins : Richesse et succès en proportion de leur vitesse. 0

Moustaches : Longues, accroissement de fortune 1

Moutarde : Mauvais signe, dispute, colère. . NÉANT

Muets, Muettes : Querelles de famille, embarras 8

Mulet : Maladie pour celui qui est le maître dans le songe 2

Nager : Plaisir, aisance, volupté. 7

Navets : Si le songeur est malade, c'est sa guérison. . . . . NÉANT

Nègre : En voir un nu, c'est tristesse, chagrins, dommages 9

Neige : Quand il n'y en a pas, c'est empêchement, perte et mauvais succès, procès. 5

Nez : S'il est bouché, danger de la part de plus puissant que soi ou infidélité. 2

Nid . : En trouver un, profit, terminaison d'affaires. 7

Nœuds : En faire, embarrasser autrui ; les défaire c'est débrouiller ses affaires ou celles des autres 3

Noix, Noisettes, Amandes : Troubles et difficultés, suivis de satisfaction 1

Noyé : En voir un, joie, triomphe ; se noyer, gain assuré. 8

Nudité : Etre nu, maladie, pauvreté, fatigue. 0

Nue : Voir une femme nue, on court un danger à cause de cette femme. 4

O

Obsèques : D'un parent ou ami, honneur, richesse, succession, mariage avantageux. 6

Œil : En perdre un, c'est héritage d'ascendant. 5

Œufs : Perte, procès, grand chagrin, le tout proportionné à la quantité. 7

Oiseaux : Tirer dessus, attaque d'ennemis, caquetage, procès, mauvaise tentation. . 2

Oiseaux de nuit, mauvaise réussite dans ses entreprises les jours suivants . . . . . NÉANT

Oncle ou **Tante** : Querelles de famille. . . . 3

Ongles : Plus longs que de coutume, grand profit 5

Plus courts, pertes et déplaisirs, querelles de famille 1

Opéra : Désordre, confusion dans les affaires. plus de bruit que de besogne. 0

Or : Duperies, pertes, chagrins amers, emportement. . . . . NÉANT

Oranges : Blessures et douleurs ou simplement chagrins aigres 4

Oreiller : Secret que l'on va apprendre. . . . 7

Oreilles : Blessées, trahison d'un ami qui abusera des secrets confiés 2

Bouchées, ténacité, entêtement, tyrannie, tromperie 2

Les avoir plus belles et plus grandes, succès de fortune. 8

Orgue : Arrivée de parents ou d'amis, joie. . 6

Os : De mort, peines, reverts, même ruine. . 9

Osier : Danger de prison ou embarras quelconque 3

Ours : En être attaqué, persécution dont on se retirera bien contre toute espérance . . NÉANT

P

Paille : Répandue, c'est misère, détresse, malheur . . . . NÉANT
Pain : En manger du blanc, bon signe et profit 6
En manger du noir, c'est le contraire. . . 3
Palais : Inquiétude, chagrin, envie, puissance factice. 9
Palissades : Empêchement subit dans ses désirs 0
Palme : Héritage d'un parent éloigné. . . . 7
Paon : C'est richesse, ou belle femme, ou époux élevé en dignité 5
Paradis : Infortune, misère, chagrins de famille. 1
Parchemin : Entêtement, fermeté, opiniâtreté. 8
Papier : Blanc, joie et innocence. 2
Ecrit, danger de chicane, procès. . . . . NÉANT
Imprimé, bonne réussite, foi, sécurité. . . 1
Parapluie : Vie douce et obscure, mais médiocre 9
Pardon : Pardonner, regrets, chagrins, deuil proche. 0
Parfums : C'est nouvelle agréable proportionnée à l'odeur 8
Pâté : En faire ou en manger, nouvelle agréable qui profitera 5
Patiner : C'est empêchement et contrariétés. . 7
Paume : Y jouer, travail et peine pour acquérir du bien 1
Pavés : Chagrin, déception, mauvais accueil. 2
Peau : Basanée ou noire, c'est trahison de bienfaiteurs ou associés 9
Pêcher : A la ligne, patience, petit profit, oubli des injures 0
Perdrix : Commerce avec femme ingrate, fausse et malicieuse 6

Perles : Misère, tristesse, ennui, solitude. . . 5
Pétard : Calomnie ou médisance dont on sera victime . . . . NÉANT
Petits enfants : Joie, santé, plaisir en rapport avec le nombre 4
Pieds : Baiser ceux des autres, aveu humiliant, changement de conduite 7
Se les laver, honneur et joie de la part de subordonnés 1
Y avoir le feu, c'est le présage le plus fâcheux que l'on puisse imaginer. . . . NÉANT
Si vous rêvez d'avoir les pieds beaux et légers, c'est très bon signe 8
Pipe : Triomphe d'une mauvaise difficulté . . 2
Plaine : C'est voyage d'agrément, joie, succès. 7
Pleurer : Joie, consolation, bonne nouvelle. . 6
Plumes : Richesse et satisfaction proportionnées à la quantité 5
Poils : En être couvert, c'est santé et longue vie 1
Pois : Sûreté et bonne réussite dans les affaires 3
Poires : En manger, entière satisfaction. . . 7
Poissons : En prendre gros, accroissement de biens proportionnés à la quantité . . . 1
En prendre petits, pertes proportionnées. . NÉANT
Poitrine : Belle et saine, c'est longue vie, fortune dans les vieux jours 6
Le contraire, est néfaste au songeur. . . NÉANT
Port : De mer, s'y trouver, bonne nouvelle, profit peu éloigné 8
Porte : L'enfoncer, c'est arrestation très prochaine. 4
Portier : Caquets, médisance, contradictions qui en seront la suite. 0

Potence : C'est dommages, infortunes, perte et ruine inévitable . . . . NÉANT
Poule : Chagrins dévorants, pertes à essuyer. NÉANT
Poumon : Blessé, perte domestique, danger imminent 9
Pourceau : Personnage avare dont il ne faut rien attendre qu'après sa mort. . . . 2
Poux : Or, argent, toutes sortes de richesses . 5
Précipice : C'est péril ou outrage pour le songeur . . . . NÉANT
Prison : S'y trouver, est de bon augure pour le songeur 2
Propriété : En recevoir une, richesse, famille nombreuse, bonheur dans le ménage. . 8
Puces ou **Punaises** : C'est ennui, désagrément, obstacles, contrariétés 1
Puits : En retirer l'eau et la donner à d'autres, c'est contribuer de la fortune à des autres. 5
Pyramides : Grandeurs et richesses, bonnes acquisitions. 8

Q

Quai : Abri de tout danger pour plus tard. . . 3
Querelles : Se quereller, c'est amour près de naître 9
Queue : De cheval, on recevra assistance d'amis dans une entreprise 4
Si la queue du cheval est coupée, on sera abandonné de ses amis . . . . NÉANT
Quilles : Y jouer, déplacement, ruine, perte dans commerce 8

R

Racine : En manger, discorde avec ses parents ou amis. 2

Raisins : Les manger, joie, profit, jouissance, voluptés 8
Ramoneur : Fausse accusation, perfidie. . . NÉANT
Raser ; Perte des siens, d'honneur ou de santé 7
Rat : Ennemi secret, dangereux, perte dont on ne se méfie pas. 1
Renard : Amitié mal placée, on abuse de votre naïveté 0
Repas : En compagnie, c'est dissipation, prodigalité 3
Rire : Aux éclats, contrariété plus ou moins forte sous peu 5
Rivière : Voyez eau. 9
Rocher : Peine, travail, réussite tardive. . . 0
Roses : En voir, bon signe, bonne renommée, récréations 8
Roue : Périls, embarras, même infirmité. . . 1

S

Sabot : Accroissement quelconque de fortune. 4
Saigner du nez : Honte, mépris général. . . NÉANT
Sang : Perdre le sien, maux de tête, migraine, courbature 0
Sanglier : Ennemi dangereux ; si on le poursuit, triomphe 9
Sangsue : Avarice, usure 7
Sardines : Affliction suscitée par des parents. 3
Savon : Affaires débrouillées par assistance de parents ou amis. 6
Sceptre : Pauvreté, misère 2
Scie : Expédition d'affaires, succès, satisfaction. 1
Scorpion : Embûches et infortunes suscitées par des ennemis secrets . . . . NÉANT
Sein : Plein de lait, mariage proche pour qui ne l'est ou accouchement 4

Flétri et ridé, c'est le contraire. 9
Semailles : Richesses, joie, santé. 5
Sentinelles : Méfiance, sûreté 2
Serpent : Haine, maladie, danger, prison. . . 1
Serrure : Danger de vol ou de perte. . . . . NÉANT
Sifflet : Danger personnel, médisance, calomnie 9
Singes : Ennemis malicieux, mais faibles. . . 4
Soif : Ardente, tristesse, afflictions et maladies 0
Soldats : Tristesse, abattement, ennui. . . . 3
Soleil : Levant, bonnes nouvelles, prospérité. 5
Couchant, mauvaises nouvelles, pertes . . 4
Très beau et brillant, gloire et honneurs infinis. 8
Sonnette : Dissension domestique. 2
Soufflet : En donner un, c'est paix et amour dans le ménage 0
Sourcils : Beaux, bonheur et estime public, succès en amour, fortune 7
Souricière : Précaution à prendre contre la médisance 3
Souris : Méchant tour d'une mauvaise femme. 1
Souterrain : Voyage sur l'eau. 6
Statue : Belle, bonheur, réussite dans ce qu'on entreprendra 9
Suicide : Malheur que l'on s'attirera soi-même 0
Supplice : En endurer, richesses, honneur, respect pour un temps. 2
Tabac : Déplaisir, plaisir des sens, tromperie. 5
Tabouret : Dignité purement honorifique. . . 4
Tambour : Perte de peu d'importance, insuffisance 9
Tapisserie : Joie sans profit, tromperie, abus de confiance 2
Taureau : Grand personnage dont on recevra du bien 3

Tempête : Embûches qu'on tend à notre bonne foi 3
Tenailles : Tourments, persécution, injustice. 5
Ténèbres : Réussite à force de soins. 0
Terre : La voir noire ; tristesse, mélancolie, hypocondrie . . . . NÉANT
Tête : La couper à quelqu'un, sûreté d'entreprise, vengeance sur les ennemis . . . 8
L'avoir plus petite, envie des honneurs, faiblesse d'esprit. 4
Plus grosse, dignité, gain de procès, victoire sur ennemis 6
Thermomètre : Complot, attaque sourde à la réputation 2
Tire-bouchon : Fortune imprévue, réjouissance 4
Tombeau : S'il tombe en ruines, maladies et misères personnelles 9
Le bâtir, mariage, noces, naissance d'enfant 7
Tomber : Dans l'eau, perte de santé, d'honneur, de bien, peine extrême pour vaincre les embûches des envieux et des ennemis 8
Torches ou **Flambeaux** : Les tenir, est toujours bon signe 6
Torrent : Danger que l'on court par maladie ou procès. 3
Tour : Accomodement dans les affaires. . .. 6
Trappe : Secret divulgué. 2
Trèmblement : De terre, danger pour la fortune et même la vie du songeur. . . . 5
Tuyaux : Abondance proportionnée à leur nombre ou leur longueur. 4

U

Ulcères : Soucis chargés et travail sans profit. 1

Uniforme : En porter un, gloire, valeur, célébrité 4
Urine : En boire, rétablissement de santé . . 0

V

Vaches : En avoir, prospérité proportionnée à leur nombre 6
Vautour : Maladie longue et dangereuse, parfois mortelle 3
Velours : Honneurs et richesses. . . . . . NÉANT
Vendanges : Y assister, plaisir, santé, joie, richesse proportionnée à la quantité de raisin. 5
Vents : Péril de fortune, angoisses, tourments. NÉANT
Ventre : Amaigri, débarras d'une mauvaise affaire 8
Plus gros, accroissement de fortune proportionnée à la grosseur. 8
Ver : De terre, ennemis secrets armés pour nuire 1
Verre : D'eau, en recevoir, un prompt mariage ou naissance d'enfants 0
Verrou : Peine secrète . . . . NÉANT
Veste : En avoir une, misère peu méritée. . . 3
Vêtements : Sales ou grossiers, ennui, tristesse à venir, blâme, mépris . . . . NÉANT
Vêtements : Beaux et brodés, joie, respect, honneur 6
Vin : En boire, c'est force, vigueur, divertissement, récréation 9
Vinaigre : En boire, désagréments, contrariétés, chagrins, insultes . . . . . . NÉANT
Visage : Très joli, services que l'on recevra d'amis 2
Visite : En recevoir, pleurs à répandre . . . 7

Voile : Modestie, bonne qualité dans la personne aimée 0
Vol : Tort que l'on causera à des amis. . . . NÉANT
Voler : Dans les airs, chûte ou ruine prochaine 1
Vomir : Bien mal acquis que l'on perdra de même . . . . NÉANT
Vue : L'avoir longue et forte, honneur et réussite dans toutes entreprises 8

Y

Yeux : Malades, faute dont on se repentira plus tard, procès avec amis 5

Z

Zèbre : Amitié mal placée, ingratitude, honneur en danger 4
Zéphir : Petite inquiétude, inconstance . . . NÉANT
Zodiaque : En voir un signe, fortune proche par le hasard . . . . NÉANT

Comme je vous l'ai dit, si je me suis décidé à vous donner ici cette clef, qui n'a que peu de rapport avec mon Cours, ce qu'il vous semblera : mais en regardant de près vous reconnaîtrez que dans les rêves c'est l'esprit qui travaille pendant que le corps est inerte.

Qu'est-ce que le Cours d'influence personnelle que je vais vous enseigner ? C'est votre esprit qui va posséder une force que vous n'avez pas à ce moment, c'est à votre esprit seul qu'il s'adresse et non à votre corps ; je laisse le corps matériel de côté, je ne m'en occupe nullement, votre esprit éduqué saura le diriger.

Dans cette explication des rêves qui vous est donnée, vous remarquerez qu'elle est toute nouvelle et entièrement corrigée.

Pour les chiffres, pour trouver les numéros qui doivent vous faire gagner à la loterie, vous n'avez besoin d'avoir recours à personne pour les trouver, c'est votre esprit qui vous les révélera, ainsi que pour savoir sur quel cheval vous devez mettre la pièce.

Pour jouer à coup sûr, il faut que le chiffre qui correspond à votre rêve ou à la partie principale du rêve corresponde exactement au nombre de lettres dont se compose le nom du cheval.

Un chiffre dont le nom du cheval est *supérieur* de *une* ou *deux lettres seulement*, vous pouvez compter qu'il arrivera deuxième ou troisième.

Mais si c'est le contraire qui se produit, ne jouez pas sur ce cheval, c'est-à-dire si son nom comporte un nombre de lettres inférieur au chiffre que votre rêve a obtenu.

Au jeu, le chiffre qui vous sera révélé par le rêve sera celui qui vous sera favorable dans un délai rapproché.

Comment on imite le somnambulisme, le magnétisme et le spiritisme

Moyen de faire la transmission de pensées par un langage conventionnel

Pour mieux prouver le sérieux de mon Cours, je suis obligé d'enseigner en même temps que la science vraie, l'imitation pour que le lecteur sache bien reconnaître le vrai du faux.

Vous trouverez plus loin la manière de faire la transmission de pensées entre deux personnes: celle qui fait le sujet, qui imite l'état somnambulisme, qui a les yeux bandés, et l'opérateur se tenant à distance, pose les questions dans un langage convenu, qui dicte la réponse au sujet et que celui-ci fait immédiatement sans se tromper.

Ensuite, je vous indiquerai les trucs employés pour faire apparaître un bouquet de fleurs des mains, des bras, que l'on présente comme phénomène spirite.

Ou vous faire apparaître dans une fumée l'image d'une personne défunte que vous avez connue, soit en brûlant la photographie de cette personne et la faire renaître de ses cendres, soit en provoquant de la fumée sans feu ou en faisant écrire les esprits et répondre aux questions que vous pensez ; il ne s'agit que d'illusions très intéressantes que j'enseigne à mes lecteurs, soit pour les instruire ou pour mettre ces connaissances à leur service au cas où ils voudraient en tirer parti ou se distraire en société.

Pour la transmission de pensée, l'état somnambulisme n'existe pas, il ne suffit que de la mémoire et de s'exercer pendant quelques jours entre deux personnes à seule fin de bien se comprendre, la pratique fera le reste, ce travail peut être fait même par un enfant ; il est nécessaire d'être deux personnes ; c'est généralement une dame qui fait le sujet, c'est à dire qui est présentée comme endormie, elle a les yeux bandés, par ce fait ne peut voir autour d'elle, or en consultant la clef ci-dessus vous reconnaîtrez que la façon de questionner fournit immédiatement la réponse :

Exemple :

L'opérateur fait prendre une carte dans le jeu à une personne de la société et c'est la dame de trèfle.

D. — *Voyez*, *nommez* cette carte ?

R. — La dame de trèfle.

Voyez veut dire trèfle dans les cartes. *Nommez* veut dire *dame*.

L'opérateur demande tout bas, à un monsieur, son âge, il dit : 57 ans.

D. — *Vite*, quel est l'âge de monsieur ?

R. — 57 ans.

En effet, *vite* dit *cinq* et *quel* dit *sept*.

CLEF SIMPLE DE MOTS CONVENTIONNELS EMPLOYÉE POUR LA TRANSMISSION DE PENSÉES, IMITATION DE L'ETAT SOMNAMBULISME

LISTE DE MOTS CONVENTIONNELS	Chiffres correspondants	LES CARTES	VALEUR DES CARTES	VALEUR DES COULEURS	OBJETS DIVERS	OBJETS DIVERS
Voyez	1	Trèfle	As	Noir	Parapluie	Portemonnaie
Attention, voyez	2		Roi	Blanc	Canne	Portefeuille
Nommez	3	Pique	Dame	Bleu	Panier	Porte-cartes
Attention, nommez	4		Valet	Violet	Filet	Porte-billets
Vite	5	Carreau		Rouge	Pipe	Montre
Attention, vite	6			Jaune	Cigarette ou Cigare	Chaine de montre
Quel	7	Cœur	Le sept	Vert	Mouchoir	Bracelet
Attention, quel	8		Le huit	Marron	Chien	Broche
Dites	9		Le neuf	Orange	Enfant	Boncles d'oreilles
Attention, dites	10		Le dix	Gris	Poupée	Clef
Dites, attention	0	ou néant, représente toujours une chose qui n'existe pas.				

On peut ajouter tous les noms d'objets que l'on veut, on peut également changer les mots à volonté, ceci n'est qu'une question de convention.

Pour désigner les personnes ou les choses, ou les nombres, on n'emploie que les mêmes mots de façon différente et c'est à chacun de compléter à sa façon, comme par exemple : Comment, veut dire homme, une pièce d'or ; attention, comment, dira femme, pièce d'argent ; nommez, jeune homme, homme ou une pièce de nickel, etc...

On peut remplacer le mot « Attention » par le qualificatif du sujet, Monsieur, Madame ou Mademoiselle, ce qui réduit la clef à cinq à six mots.

D. — Vite, cette carte ?

R. — Un carreau.

D. — Quel carreau ?

R. — Le sept.

D. — Attention quelle est la couleur du chapeau de monsieur ?

R. — Marron.

D. — Dites, attention ! la couleur de la barbe de ce monsieur ?

R. — Il n'en a pas.

D. — Attention, nommez ce que cette dame tient à la main ?

R. — Un filet à provisions.

D. — Dites, attention ! ce que contient ce filet ?

R. — Il n'y a rien.

D. — Vite, vite, le numéro du régiment de ce militaire ?

R. — Le 55ᵉ.

D. — Dites ce que madame tient à la main ?

R. — Un enfant.

Il est inutile de continuer plus longtemps ces expériences, si parmi les personnes qui me lisent il y en a qui voudraient faire la transmission de pensée, c'est à elles à établir leur clef de mots conventionnels d'après les données ci-dessus qui sont suffisantes.

Mais mon Cours n'a pas pour but de vous enseigner cette méthode, mais de vous initier aux pratiques de la vraie science, pour que vous puissiez discerner le vrai du faux ; mon devoir est de vous enseigner les trucs qui se font en imitation.

———×———

On présente quelquefois comme spiritisme, l'apparition d'une personne semblant se fixer sur une fumée.

Ceci se fait au moyen de la lanterne magique où on a collé à l'orifice une pellicule représentant cette effigie, en brûlant l'image grossie avec un peu d'encens, on donne l'illusion que l'image renaît de ses cendres.

On produit la fumée sans feu en mélangeant brusquement une certaine quantité d'ammoniaque et d'acide chloridrique, il se dégage immédiatement une fumée blanche sur laquelle se projettera l'apparition.

Il faut que la lanterne magique soit placée dans une pièce voisine où il y a un trou percé dans la cloison, devant lequel on place l'orifice de la lanterne.

———×———

Pour faire écrire les esprits, toujours en faux bien entendu, il faut avoir du papier qui paraît blanc, mais qui est écrit à l'encre invisible.

Les encres invisibles sont nombreuses, la plus employée est l'acétate de plomb dissous dans de l'eau. On fait apparaître l'écriture en plaçant le papier dans un tube où on a mis du sulfhydrique d'ammoniaque et les émanations qui s'en dégagent font apparaître l'écriture.

———×———

On fait apparaitre un bouquet de fleurs dans un vase où il n'existe pas par le moyen du miroir concave ; on fait apparaître des mains, des bras, une tête coupée où tout autre objet par l'effet du miroir concave.

———————

Table des Matières

TROISIÈME PARTIE

www.ingramcontent.com/pod-product-compliance
Ingram Content Group UK Ltd.
Pitfield, Milton Keynes, MK11 3LW, UK
UKHW020956230726
13923UKWH00007B/416

9 782329 011110